꽃 찾으러 간다

실천시선 228
꽃 찾으러 간다

2014년 11월 28일 1판 1쇄 찍음
2014년 12월 5일 1판 1쇄 펴냄

지은이	장문석
펴낸이	김남일
편집	이호석, 박성아, 이승한
디자인	김현주
관리·영업	김태일, 박윤혜

펴낸곳   (주)실천문학
등록   10-1221호(1995.10.26)
주소   서울특별시 마포구 월드컵로10길 48 501호(서교동, 동궁빌딩)
전화   322-2161~5
팩스   322-2166
홈페이지 www.silcheon.com

ⓒ 장문석, 2014
ISBN 978-89-392-2228-1 03810

이 책 내용의 전부 또는 일부를 재사용하려면
반드시 지은이와 실천문학사 양측의 동의를 받아야 합니다.

이 도서의 국립중앙도서관 출판시도서목록(CIP)은 e-CIP홈페이지(http://www.nl.go.kr/ecip)와
국가자료공동목록시스템(http://www.nl.go.kr/kolisnet)에서 이용하실 수 있습니다.
(CIP제어번호:CIP2014034274)

실천시선
228

꽃 찾으러 간다

장문석

실천문학사

차례

제1부

꽃 찾으러 간다	11
차마고도 1	12
차마고도 2	14
차마고도 3	16
차마고도 4	18
마의	20
사마귀	22
버들치	24
묵은지를 기다리며	26
율도국	28
청산행(靑山行)	30
사막통신	32
낙타	34
나무꾼의 노래	36

2부

여름 숲속	45
소나기	46
모과댁	48
우리 마을 이장 구 씨 1	51
우리 마을 이장 구 씨 2	54
우리 마을 이장 구 씨 3	56
달서리	58
동지	60
자식 걱정	62
겨울밤	64
폐가	66
개구리	68
금계리에서 1	70
금계리에서 2	72

3부

돌 깨는 소녀	77
콩나물을 보면 비비고 싶다	78
봄 경전	80
초록 경전	82
숲	84
와불	86
그 아이	88
호떡 할머니	90
육전반상(六煎飯床)	92
숟가락 생(生)	94
귀향	96
입동	97
소리	98
뒤늦게 요지경에 들다	101
목정(木丁)	104

4부

하현(下弦) 109
등꽃 110
만추(晚秋) 112
관솔불 114
회장 116
명왕성 118
영산홍 119
지청구 120
목욕론 122
부채론 123
병신생 124
구들의 내력 126
갈비뼈 128
물렁뼈 130

해설   135
시인의 말   151

제1부

꽃 찾으러 간다

꿀벌 한 마리
호박꽃 속에 들어 있다

꽃잎을 살그머니 오므린다
절체절명!
모르는 체 두 손 모아
법문을 외고 있다

호박꽃을
이리저리 휘두르다가
이윽한 후 펼쳐 보니

놀라워라, 그때껏
용맹정진
죽음마저 달콤한

―나, 지금 꽃 찾으러 간다

차마고도 1
―마방의 길

말이여, 네 고삐를 잡기 위하여 수년 간 나는
일구월심 비탈언덕 차밭을 일궈 왔다

그럼에도 네가 가진 산야(山野)의 바람기를
다스리는 일은 결코 쉬운 일이 아니라서
툭하면 고삐를 끊고 달아나 굽이길마다 펼쳐 놓던 무림
진법(霧林陣法)
그 미로를 헤매다 내 몸엔 불면의 생채기가 끊이질 않았고
야크버터 한 조각과도 바꿔 주지 않는 찻잎 한 구절에
방울 소리는 늘 허기졌다

설산(雪山) 달빛이 용오름을 하는 날이면
너는 간혹 속눈썹 반짝이며 천막 안을 기웃거리기도 하는 것이었는데
그런 날이면 천성이 게으른 나는 항용 늦잠 드는 일이 잦아
그 깊은 눈빛을 가늠할 수는 없었지만
네가 남긴 바위주름을 따라 박혀 있던 조개껍데기

그 향내를 더듬을 수 있다는 것만으로도
조로서도(鳥路鼠道)의 잔도가 전혀 두렵지 않았던 것을

여기는 횡단산맥하고도 가장 험하다는 메리설산
깨진 발톱을 모아 모닥불을 피운다
피고름 묻은 길들이 일으키는 저 천인단애의 불길
문득 불티 하나 설산을 넘는다 춤을 추자
조개껍데기 목에 걸고 너울너울 찻물을 데우자
너와 나 이미 하나의 고삐에 매어져 있는 것을

그리하여 또다시 편자를 박으며 묻는다, 말이여
룽다* 휘날리는 시인의 마을은 아직 멀었는가

---

* '바람의 말'이란 뜻의 티베트 말로 천으로 된 깃발. 히말라야 사람들의 해탈을 염원하는 불경이 적혀 있음.

차마고도 2

—소금의 길

천형(天刑)인가, 천복(天福)인가

우리 부족의 족보엔 천 년도 넘는 염정이 있어

소금을 빚는 일은

밥상머리 가훈으로 함부로 버릴 수 있는 게 아니었다

그 물을 긷느라 내 어깨는

일 년에도 서너 번 굳은살을 깎아야 했지만

때맞추어 볕과 바람을 부르는 일은

결코 녹록한 일이 아니어서

한때, 이웃 부족에게 족보를

팔아 버릴까, 밤새 뒤척이곤 했다

고조부든가 증고소부든가

도화(桃花) 필 무렵

딱 한 번 빚어 보았다는

자줏빛 도화염

그걸 싣고 저 설산을 넘어가

뭇 축생들의 병을 다스렸다는

소금꽃의 유혹을 나는 이겨내지 못하는 것이다
말 잔등에 화려한 꽃 장식을 하고
우쭐우쭐 고갯길을 올라가는
그 장엄한 마방의 워낭 소리를
차마 내 귀에서 지워내지 못하는 것이다

지금은 봄, 올해도 어김없이
창문을 두드리는 저 도화의 혓바닥
안 되겠다 어서 빨리
배 한 척 띄워야겠다
볕과 바람 낭창거리는 란찬강* 기슭에

―――――――

* 티베트의 해발 4,000미터 고지를 흐르는 강. 그 기슭에 태고의 소금 생산지인 '옌징' 마을이 있는데, 도화 필 무렵 나오는 도화염을 최고로 침.

차마고도 3
— 羽化의 길

정녕 거기에 이르기만 한다면
비루먹은 겨드랑이에 문득 은빛 날개가 돋쳐
천지에 초록의 광휘 눈부실 수 있을까
짊어진 업장 훨훨 벗어 던지고

길은 갈수록 어둔 눈보란데
그냥, 예쯤서 초막 한 채 올리고는
말의 모가지나 비틀고 부풀리며
반짝이는 문패나 하나 새겨 볼까

아니면, 곁눈으로 슬쩍 지나쳐 온
행화촌(杏花村) 살구막에 들어
젓가락 장단 결판지게 놀다나 갈까
말은 사립문 밖에 묶어 두고

그러나 우리는 지금 길 위에 있다
물끄러미 나를 보고 있는 말이여

나 또한 뜬눈으로 너를 보고 있다
서로의 고삐 차마 놓지 못한 채

포탈라궁* 포탈라궁 경전을 외며
수년 간 오체투지를 하고 있는
굼벵이야, 너는 알고 있니?
침푸 계곡, 거기에 이르는 길을

---

* 티베트의 수도 '라싸'에 있는 궁전. 그 옆에 침푸 계곡이 있는데 많은 사람들이 다음 생을 준비하기 위해 죽음을 기다리는 곳임.

차마고도 4
―순례의 길

나도 알고는 있다 우리가 가는 이 길이
끝내 성지(聖地)에 도달하지 못하리라는 것을

히말라야의 짧았던 여름
네가 발굽 경전 두드리며 초원을 질주하면
나는 흉내 서두르다 무릎 흉터 일쑤였고
내가 황모필 가지런히 합장을 하면
너는 늘 먼산바라기였다

너와 나, 서로의 고삐를 놓고
그리하여 이 산천의 허허로운 바람이 되어
네가 설산을 넘어 마을에 들면
나는 거기서 한 폭의 룽다로 휘날리고
내가 꽃 속에, 구름 속에 들면
네가 거기서 한 폭의 룽다로 휘날리는
그런 꿈으로 순례의 길을 떠났건만

지금, 여름보다 짧은 가을이
위태롭게 길을 떠메고 있다

묻지 말자 애당초
누가 먼저 이 길을 떠나자고 했는지

길은 여전히 설산을 향해 고개를 들고 있고
우리의 등짐엔 아직 편자 몇 족 남아 있다

마의

누구나 말을 달려 말을 부리지만
누구나 훌륭한 마의가 되는 것은 아니다
무릇 말의 성정(性情)이란 매우 섬세하고 예민한 것이어서
일기 불순하거나 음식이 거칠면
요망한 바람이 되어 세상을 전횡하기도 하고
더러는 해독할 수 없는 워낭 소리로 우쭐대다가
길모퉁이마다 험한 발톱 자국을 남기기도 하느니
그리하여 진정한 말의 주인이 되기 위해서는
천지운행의 진맥을 짚어 그 병세의 유무를 살핀 다음
병세가 있으면 침과 뜸으로 기혈을 다스려
날숨과 들숨을 우주에 연결할 줄 아는
비술을 익혀야만 하는 것이라
그러면 비로소 말과 마의는 주종의 관계를 넘어
진정한 형용의 일심동체가 되었다 일컫는 것이니
그 경지래야 모래바람 흩날리는 사막 한가운데에
천의무봉의 오아시스를 양각할 수 있는 것이라
보았는가, 지금도 찢어진 의서의 한쪽에 전하는

난치의 세상을 구휼하기 위해 천하를 주유했다는
이미 전설이 되어 버린 무림 명마의 화상을
오호라, 그런데도 어쩌자고 그대는
진맥 한번 제대로 하지 않은 비루먹은 말의 잔등을 몰아
감히 세상과 일합(一合)을 겨루려 하는가

사마귀

사마귀는 무모하다 그러나 날렵하다
이 세상 그 무엇도 두려울 게 없다는 듯
가시 돋친 쌍절곤을 상하좌우로 놀리며
당차게 곧추세운 삼각 투구를 보면
제법 위엄도 있어 보인다
잠자리 사냥술은 이미 경지에 올랐고
공중무예의 달인이며 그물망 검법의 고수인
늑대거미마저도 두려움의 대상이 아니다
사마귀는 숲 속의 무법자이다
허튼짓을 하다 그의 겹눈에 걸리면
그 어떤 문패도 용서가 없다
타협이 없다 그런 이유로 곧잘
어둠 속 박쥐의 표적이 되기도 하지만
비웃지 마라, 무모함이 곧 그의 생존이다
그는 이제 거대한 수레와 맞설 것이다
그 안에 천하의 미인이 숨겨져 있다는
강호의 오래된 풍문을 그는 믿는다

사랑이란 본시 건곤일척(乾坤一擲)의 꽃임을, 그리하여
오늘도 당랑권(螳螂拳) 연마에 여념이 없다
당랑권의 마지막 초식은 사랑이다
무림고수들이 남긴 비서(秘書)를 보면
그 사랑은 지극히 비장하고 숭고하다
단 한 번의 운우지정에 목숨을 건다
날카로운 만년필촉 이빨로 빚은
검은 씨앗을 절정의 순간에 쏟아 붓는다
그걸 피우기 위해 기꺼이 살신(殺身) 공양도 한다
천추에 길이 남을 불멸의 걸작을 위하여

나도 그런 사마귀 시인이 되고 싶다

버들치

오래된 일기장의 창문을 열고 들어서면
거기, 맑고 서늘한 물줄기가 있어
어린 버들치 한 마리 살고 있다
물속에서도 깨밭을 가꾸는 것인지
꼬리를 흔들 때마다 들깨 향이 여울졌다
그 향이 좋아 솜털구름 찾아오면
함께 손잡고 진종일 산 능선 넘나들다가
노을목을 지나 어스름 기슭에서
초록 갈기 날렵한 나사말*에 올라타고는
은하의 굽이를 돌아 마침내
삼경(三更)의 하늘소(沼)에 이르곤 했다
누구의 솜씨일까, 궁륭(穹窿) 가득 명멸하는
별 무리들, 황홀하여라
부레를 한껏 부풀린 버들치는
별자리 돌고 돌아 문패 달기 여념 없더니
별똥별 길게 꼬리 물던 어느 날 밤
홀연 지느러미 바짝 세우고는

궁륭, 그 깊은 복판으로 자맥질해 들어갔는데

유감스럽게도 이후의 종적을 알 수가 없다
만년필 잉크는 이미 거칠고 탁해졌다
요즘 일기장에선 들깨 향이 나지 않는다

---

* 연못이나 하천에 자라는 여러해살이 물풀.

묵은지를 기다리며

지금은 입동 무렵, 바야흐로 김장을 해야 할 때
배추의 푸른 갑옷을 벗기고 배를 가르자
지난 한철 은밀히 자라난 노오란 말들이
표독스런 갈기로 달려 나오는 것인데
그 기고만장함이란

말들은 천성적으로 거칠고 교활하여
틈만 나면 울타리를 부수고 뛰쳐나가 이웃집 말들과 다투거나, 더러는
사생아를 이끌고 돌아온 적이 한두 번이 아니어서

올해만큼은 내 이놈들의 고삐를 끌어다 다짜고짜 소금물에 담그리라
그래도 제 놈들이 허연 등줄기를 끝끝내 세운다면
불면의 샘에서 퍼 올린 오징어 먹물에 목욕재계시킨 다음
단지에 넣고 땅에 묻으리라 움집도 한 채 지어 주리라

그렇게 얼마쯤 기다리면 나는
매콤하면서도 아삭거리는 묵은지를 맛볼 수 있을까
저 남방의 어느 명인이 빚었다는 시 한 편과도 같은

율도국*

가뭇없는 수평선 넘어
배 한 척
떠가고 있다 지친 고동 소리
안개 속에 나부끼며

나침반 가다듬던
항구의 새벽은 얼마나 비장했던가
자꾸만 돌아보는 신발
모래밭에 묻어두고
글썽이는 눈물
바람으로 씻으며
가리라 그곳으로

마침내 현란한 무지개 출몰하는
몇 개의 섬에 닻줄을 던졌으나
더욱 세찬 기세로 밀려오는
너울들뿐 해도 위의

많은 좌표들이 너울 속으로
사라지고 갈수록
갑판은 남루해지는데 나는

무얼 바라 이토록
떠가는 것이냐 지금도
등이 굽는 돛대를
고집스레 세우고는

---

*『홍길동전』에 나오는 理想國.

청산행(靑山行)

청산을 간다 1500cc 아반떼 승용차를 몰고
FM 99.9 MHz, 이미 고정화된 주파수를 가늠하며

―오늘의 날씨는 흐렸다 갰다, 갰다 흐렸다
　끝내는 비가 올 것이니 우산을 준비하시구요

피반령 너머까지 따라온 교통 리포터가
아침 햇살 몇 점 호들갑스럽게 흔들어 놓는다

시속 110Km, 규정 속도를 벗어나자
드디어 지익-직 끓기 시작하는 라디오
비로소 나는 나의 오관을 붙들었던, 도시의
주파수 공간에서 멀어지기 시작한다

그렇게 청산을 간다
멀위와 다래만 있으면 어떠랴
나만의 주파수로 산에 들에 꽃을 피우고

얄리얄리 얄랑셩 노래나 부를 수 있다면

오구니재를 넘어서니 온통 빗발이다
전조등을 아무리 밝혀도 길은 어둡고
함께 울어줄 새 한 마리 보이지 않는다
나는 차에서 내려 비에 젖는다 우산도 없이

어디서부터였을까, 저 아득한 비안개
밤새 꿈꾸었던 청산을 청산에서 잃고는
독한 술 몇 잔 마주하는데
게까지 뒤 따라와 귀청을 낚아채는 FM 99.9MHz

―비가 온 탓인지 어제보다 사건 사고가 많았던
　오늘, 규정 속도를 어기고 주파수 밖으로 뛰쳐나가
　우산 없이 비를 맞은 사람을 위해
　박미경의 〈아담의 경고〉를 들려드립니다
　편안한 밤 되십시오

사막통신
—사막여우

모랫길도 걷다 보면 그저 그런 길에 불과합니다
불볕과 갈증도 이젠 면역이 되었습니다

당신이 말한 그곳엔 아직, 닿지 못했습니다
앉아서도 천 리 밖 물소리를 듣는다는
전갈 사냥에 특출한 재능을 지녔다는
사막 여우, 그 마을로 가는 길 양쪽엔
전갈들의 마른 뼈가 깃발처럼 나부낀다 했으나
오히려 살아 있는 전갈 마을을 더 많이 지났습니다
친절하고 따스해 보이는 그들의 미소에
갸우뚱, 흔들리기도 했습니다

애초의 전설은 쉽사리 지워지지 않는가 봅니다
지금도 사막 그늘 어디에선가
오아시스가 점지된 사막 경전을 집필하며
전갈 사냥법을 별책 부록으로 펴내기 위해
불철주야 노란 꼬리털을 먹물에 적시고 있을 거라는

당신의 비망록을 일단, 조금은 더 믿어 보기로 합니다

생각하는 것처럼 사막은 만만치 않습니다
햇볕과 바람과 모래가 만들어 내는
수천수만의 이야기가 순식간에 나타났다 사라집니다
사막의 소문은 참으로 변화불측한 것이어서
오랜 경험으로 뽑은 점괘도 맞는다는 보장은 없습니다

그래도 어느 날 불시착한, 동물 애호가이며 평화주의자인
어린 왕자의 금단추에 길들여져 길을 떴다는
사막 여우 이야기는 믿지 않기로 합니다
자신의 부족을 모두 이끌고
유난히 큰 귀 쫑긋거리며 장미별 동물원으로 떠났다는

낙타

낙타는 모래알처럼 외로워 보였다
나는 그 낙타를 사서 친구 삼기로 했다
고삐 매어 집으로 끌고 온 다음
모래 구릉에 야자수를 그려 넣고
그 너머에 오아시스도 그려 넣었다

그러나 낙타는 그저 뚜벅뚜벅 걷기만 할 뿐
이제껏 저런 신기루에 숱하게 속아
하릴없이 등짐만 무거워졌다며
아예 창문을 닫아걸었다

드디어 나는 그림책에 가위를 들이대기로 했다
낙타 눈깔을, 이중 창문 뒤에 숨어 버린
평생 세상을 향해 한 번도 치뜨지 못했을
낙타 눈깔을 조심스럽게 오려내기로 했다
그것을 성기에 끼우고는, 발기하라!
피 젖은 눈빛으로 밤새 주문처럼

발기하라! 발기하라!

이튿날 새벽
끝내 발기하지 못한 눈깔을 내리깔고
낙타 한 마리 대문을 나서고 있다

나무꾼의 노래

1. 입산(入山)

때가 되었다는 얘기겠지요
이렇듯 홀로 있게 하심은

폭풍우 내려치던 그때 그날 밤
외롭고 두려운 시간들이 신열(身熱)로 떨리더니
한세상 훌떡 뒤집혀 새로이 열리더니
내게의 온갖 것 다 떠내려가게 하시고
이 넓디넓은 세상에
홀로 있게 하심은
그리하여 내게
아득한 그리움을 주심은

―오, 나는 사랑을 꿈꾸었어라

들리시나요, 이 소리

불현듯 초승달 돋는 소리
산속으로 산속으로
점점 더 목말라 오는 나의 생명
오직 하나만의 그대를 위한
바야흐로 불붙어 오는 소리
그 소리 혹여 옆길로 샐라 가슴에 단단 감발을 하고
이렇듯 홀로 있게 하심은
이제 내게도 때가 되었다는 얘기겠지요

2. 도끼를 벼리며

내게로 오는 온갖 소리와 빛을 모아
도끼 하나 벼립니다
자꾸만 질러가는 마음의 끝자락
애써 숫돌로 세우고
몇 날 몇 밤이 지고 새도록

도끼 하나 벼립니다

날새(飛鳥)도 비키며 울음 그치고
풀꽃도 손 모아 고개 숙이는
이곳

많은 시간들이 닳고 닳아
끝내는 빛도 소리도 없는
터럭 하나 내릴 수 없는
예리한 날[刃]의 정점

도끼 하나 벼립니다
내 뼈 중의 뼈를 골라 자루를 맞추고
형형한 눈매 숲 속을 봅니다

그대에게 가는 길
결코 쉽지 않은 길

3. 어떤 날

도끼날 튀는 소리
쩡 쩌엉 쩌-엉
골골을 돌아 비틀대며 돌아오고
안개만 겹겹 몰려오는

어떤 날

꽃과 버섯 들이 안개 속을 걸어 나와
쉬었다 가라 손짓을 합니다
그냥 예서 더불자 사근거립니다

멀리로 가까이로 산짐승은 울고
느닷없이 길을 막는 바위와 계곡
더러는 두려움에 떨며 도끼질을 멈추기도 합니다

돌아보면 내가 온 길
화안한 고통으로 밝은데
지금 여기 이 산 중턱
나는 자꾸만 바람에 미끄러지고

그대 어디 있나요

내게 산 하나 오르라 하시더니
내 가슴에 보름달 하나 키우라 하시더니

4. 하산(下山)

달은 이제 그믐으로 가고 있습니다
찰나의 빛 한 번으로, 간단(間斷)없이
잦아드는 목숨입니다

눈빛은 아직도 돌아보는 눈빛인데
긁히고 찢겼던 흉터마다
그리움은 온통 아우성인데
이지러지는 달 조각 하나씩 내려와
굽이길 모롱이마다 어둠을 풀어 놓습니다

산이 거기에 있고 그대가 거기에 있어
내 주저 없이 나무꾼이 되었거늘
문득 예리히 찔러온 그 그리움 하나에
내 삶의 전부를 걸었거늘
그리하여 우주의 한복판, 비로소 내가
나로 설 수 있었거늘

하마 저기 저기쯤이 내 이승의
가뭇없이 사라지는 내리막의 끝

그러나 그대여

이 어둠 끝나는 그믐의 마지막 자락에
수탉 한 마리 애틋하게 울거들랑
하늘 향해 고개를 치빼거들랑
푸르른 새벽빛 지그시 열고는
그대로 인해 이 지상에서 가장 행복했던
한 사내의 사랑을 기억하소서

제2부

여름 숲 속

싱싱한 연놈들 떼 지어 지나갔겠다
소나기 한번 시원하게 쏟아졌겠다
천둥 번개 골짝마다 짜릿짜릿 넘쳐 흘렀겠다
그러고서야 어디 온전할 리 있겠는가
곳곳마다 애 배는 소리 울창하겠다

소나기

가시나, 저 가시나, 봄철부터 몸이 달아 능선과 계곡마다
들큰한 살내를 그림자처럼 달고 다니던 저 가시나
불길이 살아, 초록 번들대는 불길이 살아

오늘은 느닷없이 속치마 훌렁 뒤집어 가쁜 바람 앞세우
더니
야생마를, 검푸른 갈기의 야생마를, 마치 약속이라도 한
듯 훌쩍 올라타고는
입에 단내가 나도록 휘달려라

순간
매미도 멧새도 숨을 죽인 아뜩한 적요

아니나 다를까, 한 마장도 지나지 않아
부끄러라 부끄러라, 비로소 안개이불 휘덮어 다리를 꼬
건만
슬쩍 드러난 사타구니를 보면, 거기께로 쏟아지는 허연

폭포수를 보면

  누구도 알겠네
  저 가시나
  하마 배불러 오는 것을

모과댁

환갑도 넘어선 그 아짐씨를 마을 사람 모두가
모과댁, 모과댁, 하고 부르는 것은
그것도 끄트머리 발음을 고사리 대가리마냥 한 바퀴 휙 휘돌려 콧소리로 치빼는 것은
모과댁 뒤울안에 모과나무가 있어서가 아닌기라

뒷산 서낭재 넘어 시집을 왔는기라
워낙 빠지는 인물이라 향내라도 있으면 어쩔까 하여
손위 오라비 통해 간신히 구한 모과 한 알을
속치마에 문대고 또 문대고, 그것도 모자라 단속곳에 슬쩍 꼬불쳤던 것인데
아, 그것이 초례청 맞절할 때 떽떼구르 굴러 나와 초례상을 쳤는기라

초례청은 한바탕 웃음판인데 우멍한 눈만 어렷두렷 맹탕 숫보긴 줄 알았더니만
웬걸, 신방은 이제 겨우 술시 지나는 어슴막인데

괭이 걸음 슬몃 스며들어 거무데데한 자라코를 걸싸게 들락날락
　귓구멍 간질이는 그 숨결에 그만 옭잡맨 웃음보가 터져 버려
　허리를 모과나무마냥 배배 꼬았더니만 밤새 흥글항글하더라나 뭐라나

　지금에야 모두들 무람없이 주고받는 말이지만
　세 딸 홀로 키우며 뒷산 자갈밭 일궈 나간 삶의 이랑은
　막내딸 혼삿날 흘린 눈물만큼이나 인근에 회자되었던 것이나
　정작 모과댁은 이내 하늘 향해 주먹쑥떡 한 번 먹이고는
　지금이라도 영감탱이 살아오면 아들 하나 쑥 빼 줄 수 있다며
　이죽이죽 헛장 치는 바람에 여기저기 잔칫상이 뒤엎어지기라

올해도 어김없이 집집마다 모과 한두 알씩 돌리며
모과는 하얀 무명포로 닦아야 향내 오래 가는 법이라고
안적 향내 남았거들랑 밤마다 영감님 무명 전대 슬쩍 풀어 보라고
일 년 만에 친정 온 막내딸 도끼눈 흘겨도
어린 것이 뭘 알겠냐며 능청능청 치맛단 추스르면
마을은 한동안 추진 모과 향내로 몸살을 앓는기라

우리 마을 이장 구 씨 1
―출생 신고

　닷새에 한 번 서는 읍내 장터도 하마 끝물인지라 좌판마다 짭조름한 노을이 깔리기 시작하는데요
　진즉에 면사무소에서 나온 허우대 좋고 술 잘 마시는 우리 마을 이장 구자덕 씨는
　한 시진 넘도록 이리 기웃 저리 기웃, 종당에는 흥부네 슈퍼 들마루에 앉아 찐 계란 안주 삼아 막걸리 한 통 단숨에 들이키고는
　미역 꼭지 거나하게 허리춤에 끌어매고, 청산-리 벽계-수-야, 시조 한 자락 흥이 났겄다요
　덩달아 밑동만 남은 노을도 이리 비틀 저리 비틀, 수이- 감을 자랑-마라, 하는 찰나에 그만 승철네 묵정밭으로 허방을 짚고 말았는뎁쇼

　마흔 살 노총각 승철이 녀석
　눈가루 희끗하던 지난 초겨울, 수박씨 닮은 까무잡잡하고 땅딸한 월남 색시 데려와 정화수 한 그릇 얼렁뚱땅 살림을 차렸는데

신기도 해라, 나라는 달라도 몸 궁합은 어찌 그리 잘 맞는지, 사나흘 폭설에 덜커덕 애 들어서자 메기입을 헤벌쭉, 근근득신 농사 작파하고 돈 벌러 대처 나는 바람에
 그리 가라지풀 무성한 묵정밭이 되고 말았던 게지요

 아, 그 월남댁이 한 달 전에 눈깔 크드만한 아들을 떡, 하니 낳았겠다요
 월남댁은 그렇다손 쳐도 승철 녀석도 어수룩하기는 마찬가지, 그래서 이장인 구 씨가 오늘 면사무소에 가 대신 출생 신고를 해 준 게 아니겠냐구요
 환갑 넘은 나이에 이장 노릇 하기 그리 녹록지만은 않아 누구에게 물려줄까 고민 고민하던 차였지만, 참으로 간만에 해 보는 출생 신고는 여간 즐거운 일이 아니었겠다요

 그리하여 슬금슬쩍 괭이 걸음, 묵정밭에서 기어 나온 구자덕 씨는
 쭉정이만 남은 노을 몇 조각 툭툭 흥을 추슬러, 명월-이

만공산-하니, 쉬엄쉬엄

집으로 들어설까 하다가 옆집 월남댁 안마당으로 후적후적 들어서는뎁쇼

더듬더듬 인사말 대신 씨익 웃는 월남댁 등 뒤로 새근새근 잠들어 있는, 오늘에야 정식으로 세상에 입적한 어린 것을 한참이나 흐흐 히히 얼러 보더니

미역 한 꼭지 대청마루에 훌쩍 던져 놓고는 느닷없이 한마디 했겠다요

여게, 월남댁, 내년에는 이 마을 이장 좀 맡아주지 않겠능감?

우리 마을 이장 구 씨 2
―전원주택

　마을이 남북으로 길게 누워 있어 남쪽을 아래뜸, 북쪽을 위뜸이라 불렀는뎁쇼
　요즘 들어 위뜸을 쳐다보는 이장 구 씨의 눈빛이 영 곱지가 않습니다요
　위뜸 제일 높은 날망집은 눈 밑에 검은 점이 있어 박복하다는, 그러나 허리 하나만은 기막히게 낭창거려 마을 사내들의 아랫도리를 곧잘 뭉근하게 했던
　점박이 과수댁이 혼자 살았던 곳이었는뎁쇼

　집 주인 성화로 1톤 트럭 한 가득 팔자타령 툴툴툴 마을 뜬 뒤
　전원주택인가 뭔가 하는 불가사리가 그 자리에 방자하게 똬리를 틀더니
　빈집 생길 때마다 새끼를 내질러 이제는 아래뜸까지 널름널름 넘보는 형세였으니
　그게 구 씨의 마음에 마땅할 리가 없었던 게지요

암만, 그래도 명색이 터줏대감 마을 이장인데 이사를 왔
으면 백화수복은 못 돼도 쓴 소주 한 잔은 자고(自古)의 예
법이거늘
　마을 회비 문제로 이장이 몸소 납시었는데도 눈인사는
커녕 자기 집 앞으로 새길 났으니 관(官)에 들어 포장(鋪裝)
민원이나 넣어 달라며 덜커덩 철대문 닫는 뽄새를 보면

　새삼 부아가 치밀어 한바탕 뒤재비를 하고 싶지만, 이내
이게 다 그 과수댁 탓이라고, 그리 훌쩍 떠날 거라면, 그
날 서낭재에서 슬쩍 살 공양이나 하고 갈 것이지, 에잉
　떠나고 없는 애먼 사람에게 한참을 구시렁대다가 가래
침 카악 뱉고는 사랑방 앰프의 마이크를 잡았겠다요

　마을 사람들에게 말씀드리겠습니다 오늘은 위뜸 풀 깎이
를 하겠으니 죄다 느티낭구 밑으로 모이시길 앙망합니다
　그리구 어제 안 나오셨던 위뜸 양반들, 옥체일후만강하
실려면 오늘랑은 얼픈 나와 막걸리라두 한 잔 하구 가슈

우리 마을 이장 구 씨 3
―감나무가 있는 풍경

　결국은, 황당한 일이 벌어지고 말았습니다요
　위뜸 날망 묵정밭에서 뽀리뱅이 뜯던 파란 대문집 아짐씨, 때마침 출출한 게 사단이 되어
　나물 도둑도 모자라 항차 남의 밭 감나무까지 손대냐고
　전원주택 젊은 처자 화장하다 말고 뛰쳐나와 빨간 립스틱 휘두르며 한바탕 생난리를 치는 것인덥쇼, 그 바람에
　아래뜸 개들도 어랍쇼, 한참은 멀뚱멀뚱하구요

　하필이면 그 감나무 밑에서 말입니다
　젊은 시절의 구자덕 씨, 얼굴 곱고 싹싹하여 인근 총각들 너나없이 눈독들이던
　열아홉 순심이를 슬쩍 불러내 냅다 선치중(先置中)의 묘수를 두었던 곳인데
　그걸 게슴츠레 엿본 감꽃잎 한 장, 마을 뒤란까지 따라와 후행마(後行馬)의 훈수를 두는 것인지
　이젠 사주단자 같은 건 필요 없다고, 필요 없다고

지금도 사는 일 팍팍해지면 그때 일 되새기며 두 부부 마주앉아

　도둑 물꼬 내놓고 간수를 잘 했느니 못 했느니, 감꽃처럼 젖꼭지가 노릇노릇 탱탱했느니 지금도 그렇다느니. 한참을 농탕치다 보면

　그만 온몸이 참마 뿌리처럼 끈적끈적해져 일찌감치 문 닫아 건 게 한두 번이 아니어서

　그 감나무 밑은 성지(性地)요, 성지(成地)니, 성지(聖地)로 삼아야 한다, 짐짓 우기던 이장 구 씨인데

　그 가당찮은 난장을 보고 말았으니 헛기침만 하고 있을 리 만무, 가풀막 단숨에 뛰어올라 되알지게 한마디 쏘아붙였겠다요

　묵정밭 나물이야 먼저 뜯어먹는 놈이 임자구, 감낭구 홍시야 어차피 때 되면 떨어질 거 미리 따먹었기루, 젊은 처자가 소갈딱지 읎이 그리 왜장치고 독장쳐서야 되겠느냐 — 이 말씸여, 감히 여기가 어딘디, 암만

달서리

 장수면 면발같이 길어만 가는 겨울밤, 하릴없이 뒷방 구석에 틀어박혀 과부집 수캐마냥 혀 빼물고 헐떡이는 것도 청춘에 죄스러워 촌놈들 몇몇 감나무집 사랑방에 모여 술추렴을 벌였던 것인데
 사내들끼리 수작(酬酌)이란 몇 순배 돌고 나면 꼭 고추장 안 푼 매운탕 비린내가 나게 마련이어서 어디 도화살 도톰히 오른 색시나 있으면 훌쩍 서리를 해다가 지화자 좋다 젓가락 장단 잡히는 게 좋겠다 농지거리를 하다가 종당에는 닭서리를 하기로 작당했던 거라

 때도 좋아라, 달도 없는 그믐밤, 서낭재 너머 옆마을 가는 풀숲길, 부엉이도 취했는지 혀가 꼬부라져
 동생 놈 마늘 농사 지어 대학 보냈더니 데모하다 감방이나 가고 씨잉부엉 아랫도리 꽁꽁 싸매던 창숙이 년 서울 올라가 버스 차장이나 하고 부앙뿌앙 공장 들어가면 그래도 쓸 만한 공순이들 많다더라 흐엉부엉 나도 내년 봄엘랑 고향 뜰란다 에잉씨잉

비틀비틀 용케도 닭장 있는 외딴집 두엄자리로 숨어들어 납작납작 엎어졌던 것인데

　터주신의 조화속인지 아뿔싸, 안방 문이 덜컥 열리더니 하얀 고쟁이 차림의 젊은 처자가 오종종종 뒷간이 멀어서였는지 너무 급해서였는지 바로 우리 앞 두엄발치에서 아랫도리 훌쩍 까내리고 소피를 보는 것이 아닌가!

　홀연 두둥실 떠오르던 흐벅진 보름달, 그 아찔한 눈부심, 쏴아아, 달빛 소리는 얼마나 서늘하던지

　요즘도 그 그믐의 달밤을 잊지 못하는 우리들은 일 년에 한 번은 하얀 와이셔츠에 빨간 넥타이 매고 읍내 삼계탕 집에 모여서는

　예나 지금이나 닭서리는커녕 되려 세상 이빨에 서리만 당해온 변두리 인생이지만, 그래도 남들은 맛보지 못한 달서리 맛은 보았다고 첫 잔을 들 때마다 '달서리'하면 '쏴아아'하고 건배사를 외치며 답답했던 지난 청춘을 위로하는 거라

동지

이제 어둠도 깊을 대로 깊었습니다 무엇이든 오래도록 깊으면 이력이 나는 법, 여자의 주름살도 떠 놓은 팥죽 거죽처럼 평온합니다
 성주신, 조왕신께 한 종지씩 삼가 합장 공양하고 비로소 아들과 겸상으로 마주 앉습니다

 동란 때 비성골 잔등에서 대창 맞아 죽은 사내가 남기고 간 기막힌 혈육입니다
 그날 아침, 나팔꽃은 어쩌자고 그리 왼쪽으로만 줄기를 감아올리던지, 이후로 나팔꽃이란 나팔꽃은 죄다 뽑아내며 일껏 대학까지 가르쳐 놨더니, 그것도 씨내림이라고

 이번에도 무슨 죄목인지 잘은 모르지만 3년 2개월을 살다 오늘에야 돌아온 아들입니다
 여자는 따로 떠 놓은 새알심을 두부 대신 아들의 죽 그릇에 하나씩 넣어 주며 한참은 뭉클합니다 아들의 나이대로 빚은 새알심이 올해로 딱 마흔 개

시치미 뚝 떼고 서너 개를 슬쩍 자기 죽 그릇에 숨기고는 조심스럽게 입을 엽니다

 니도 더 늦기 전에 승철네마냥 베트남인가 필리핀인가 하는 데서 샥시 하나 얻어 오면 안 되겠냐? 몸문 트고 살다 보면 애 생기고, 그러다 보면 말문 터지고
 그렇게 사는 거지. 승철네는 좀 좋으냐?

 아들의 웃음이 빙그레 창호지에 번지고, 그 뒤로
 이젠 더 이상 깊을 수 없는 동지의 밤이 시나브로 지나가고 있습니다

자식 걱정

파란 대문집 내외가
논두렁콩을 심는다

새로 성토한 논두렁에
아낙이 앞서 구멍을 놓으면
사내는 거기에 콩알을 집어넣으며
자고로 구멍이란 말미잘의 그것처럼
쫄깃쫄깃해야 제 맛이거늘
이렇듯 크고 헐렁하면 무슨 맛이겠냐고
짐짓 능청이 한 발인데
이에 질세라 아낙도
구멍 탓하는 사내치고
제 구실하는 놈 못 봤으니
괜한 딴청 부리지 말고
어여 흙 치성이나 지성껏 드리라고
도톰한 입술을 삐쭉

그때마다 뻐꾸기 울음
먼 산을 넘는다

마른 콩깍지 터지듯
대처로 튕겨 나간
세 남매
잘 지내고 있는지

겨울밤

대처로 막일 나갔다
달포 만에 돌아온 승철이
반갑다 월남 색시
일찌감치 불 꺼지고

난방비 아까워
미적미적 채널만 돌리다
지쳐 잠든 모과댁
경로당 불 꺼지고

옛날 왕 같으면 후궁 한 바퀴 돌아
애 서넛은 만들 수 있겠다며
늙은 마누라 툭툭 치던
이장 집 불 꺼지고

지난 가을 빈집 된
위뜸 과수댁

아예 불 들어오지 않고
그 집 앞, 가로등
마저 고장 나고

시퍼런 추위
톱날처럼
지붕마다 시르렁거리는데

영농빚 못 이겨
이삿짐 싼 훈이네만
호올로
새벽까지 불이 밝아

누가 뒤척였을까
마을 개 한바탕 왁자한데
달은 차갑게 끄떡없고
끄떡없고

폐가

풀숲 내닫다 불쑥,
고개를 치미는 맨드라미
꼭 고놈의 수탉 같다
툭하면 포실한 암탉 푸드등 올라타고는
의기양양 네 활갯짓
올라탈수록 더욱 뜨거워지던

지레 얼굴 붉어진 우물가 봉숭아
올해도 한 접시 넘어 퐁퐁 솟는데
무명실 감아주던 멋쩍은 웃음살이야
그날 밤 손 대지 않아도
지어미 속살 톡, 톡, 터졌겠다

눈치 없이 새벽 울음 한 곡조
애앵 불어 놓고는
이내 모르쇠로 잠들어 버린
아가의 입에 물려 있는

앙증맞은 나팔꽃 몇 송이

햇살 따가울라
파초 그늘 드리우고 있는,
고향이 메콩강 기슭이라 했던가
일기 불순한 이곳에 와
용케도 견뎌 냈는데

어디로 갔을까
담벼락에 넌출진 혈서 몇 줄기
차마 못 읽겠다
넝쿨넝쿨
가시가 너무 많아서

개구리

고놈 참, 도도하도다

내 비록 주인 없는 집에 들어섰기로
오랜만에 고향 친구 집에 들렀다가
하마 이태나 넘어 바람만 살아
봉당 벽에 매달려 누렇게 바래가는
달력 몇 장 넘겨보았기로
눈깔 저토록 치뜨고 있으니
거기 거미줄 친 숫자 몇몇에
붉은 사인펜으로 그려 놓은 둥근 목도리
아버님 기일, 결혼기념일, 애 엄마 생일
아, 그리고 오늘은 첫째가 태어난 날!
그만 울컥하여 벽에다 주먹다짐 한 번 했기로
기척 없이 문고리 왈칵 잡아 당겼기로
되똑하니 문지방에 치달아 앉아
초록 갑옷 온몸에 걸치고는
앞발 꼿꼿이 한 치 흐트러짐도 없으니

고놈 참, 오연하도다

친구야,
너도 어디쯤서 이놈처럼만 살아다오

금계리에서 1

—江

　물고기들의 재재거림이 여름 한낮을 흔들어 깨우면 강물은 문지방까지 파랗게 넘실거렸다 그래서 굳이 강물에 들지 않고도 낚싯줄은 언제나 팽팽하게 빛났다 어떤 날은 물고기들이 꿈속까지 거슬러 올라와 찌를 건드리기도 하는 것이어서 망태기 속은 언제나 물고기들로 그득그득 넘쳐나는 것이었지만, 얘야, 네 마음을 닮은 물고기만 낚는 거란다 젊은 아버지는 망태기 속의 물고기들을, 그 아름답고 예쁜 물고기들을 대부분 놓아주는 것이었다 재빨리 물결 속으로 사라지던 그 은빛 비늘들……

　알 수 없는 일이었다 마음을 닮은 물고기와 그렇지 않은 물고기라, 그것을 어떻게 구분한담? 물고기를 놓아주는 일은 갈수록 서툴러졌고 얼마 가지 않아 버려지는 물고기는 거의 없었다 삶에서 비린내가 나기 시작한 것은 아마 그쯤이었을 것이다 퍼뜩 망태기 속을 들여다보니 등 굽은 물고기들이 게걸게걸 혀 짧은 거품을 토해내고 있었다 어느 물굽이었을까, 강물은 이미 정년 퇴직한 아버지처럼 늙어 있었다 그렇구나 너도 썩은 물고기만 망태기 속에 채웠구나 밭은 해소 기침 소리에 강물은 관절마다 삼겹살 타는 소리를 냈다 삼겹살 속에도 물고기는 살고 있을까? 늙은 아버지와 젊은 아들은 사이좋게 삼겹살을 상추쌈하고는 한 겹 한 겹 더 깊은 지층으로 견지를 해 본다

금계리에서 2
—엘도라도

 소 떼가 들어온 이후로 마을 옆 계곡을 촘촘히 반짝이던 사금(砂金)이 사라졌다 비 그친 뒤 모래를 솥뚜껑 뒤집어 키질을 하면 한나절 끝에 솥뚜껑 가운데로 오로록 모이던, 인근 마을에서도 곰살갑게 찾아와 눈치 자리하던 마을의 자랑이 어느 날 문득 전설이 되어 버렸다

 사람들은 이제 소 떼가 그 전설을 대신할 거라며 연신 소주잔을 기울였고 외국소가 워찌 조선풀을 먹겄능감, 서둘러 외국산 사료도 사들였다
 엘도라도 엘도라도 소는 기분 좋게 울음 울었고 사람들은 바빠졌다 우물물 대신 수도가 놓여졌고 계곡엔 누우런 엘도라도의 물이 흐르기 시작했다

 엘도라도 엘도라도 홑적삼 큰애기도 몇 날 몇 밤을 보채다 엘도라도의 물을 따라 야반도주를 하고 얼마 가지 않아 초등학교 국기봉엔 태극기가 매달리지 않았다

승용차 한 대가 시멘트로 복개된 계곡 도로를 달려 나오
다 동구에 있는 이정표를 본다
　金·溪·里

제3부

돌 깨는 소녀

돌을 깬다 네팔하고도 히말라야의 깊은 계곡
바위너설에 앉아 열한 살 소녀 루따
세상의 문을 두드린다 자기 주먹보다 큰 쇠망치를 들고
이 물 흘러가는 저 산자락 끝에는 무엇 있을까
구름과자 있을까 무지개떡 있을까
생각다가 채 아물지 않은 식지를 또다시 내리친다
온종일 망치질하여 버는 돈은 6루피
세 식구의 목숨
아버지의 각혈은 오늘도 노을처럼 빈방에 낭자하다
그 비린내 무서워 언니만 졸졸 따라 다니는
여동생은 이제 세 살, 제 에미 독수리에 주고도
날 때부터 한 팔이 없는 불구, 망치를 내리친다
내리치고 내리쳐도 외려 날카로워지는
히말라야는 차디찬 설산, 높고 험한 산
돌을 깬다 옆집 애도 옆집 애도 또 그 옆집 애도
어차피 자라지 않을 꿈을 깬다

콩나물을 보면 비비고 싶다

   태양이 어찌 그립지 않을까마는
   햇빛 한 줌 비추지 않는 어둔 골방에서, 아니면 어느 후미진 구석에서
   그래도 살아야하지 않겠능감, 서로의 선한 눈망울 맞부비며
   그렇게 올망졸망 자라난 콩나물들을 보면
   은근슬쩍 삶아내어 갖은 양념으로 버무린 무침을 보면
   문득 밥을 비벼 먹고 싶다
   고추장도 한 술 넣고 참기름도 넉넉히 두르고
   큼직한 양푼에 오매 오 때깔 좀 보소, 이리저리 썩썩 비벼
   육거리시장이나 서문시장, 아니면 어느 시골 장터 한복판에서
   오가는 누구라도 옷자락 잡아끌어 숟가락 쥐어 주고는
   좌판의 물건보다 더 많은 삶의 옹이를
   워쩔거나, 그래서 요로코롬 돼 버렸구만 잉, 마디마디 엮어 듣고도 싶고
   그 끝물에 탁배기 한잔 쭈욱 들이키고는

세상 복판에 서지 못하면 어떠리
낮술에 얼큰히 취해 서로의 어깨를 걸고 싶다
그렇게 그들과 함께 비벼지고 싶다

봄 경전

　조실 스님 다비식이 있던 날, 조촐한 햇살 탓이었을까요
　잿속에서 날아오른 스님의 사리가 너나없이 나뭇가지마다 연초록 연등으로 봉긋봉긋 매달리기 시작했는데요
　하필이면 그날 새벽 선방에 든 어린 사미니, 희디 흰 단속곳에 진달래 꽃물이 화들짝
　저도 그만 엉결에 늙은 공양주 보살님 품속으로 콩닥콩닥 뛰어들었더니만
　빙그레 웃으시며 노오란 생강꽃잎차 한잔 건네는데요
　그 향내 벌써 산중에 둘러 퍼졌는지
　겨우내 가부좌만 틀고 있던 목련이 재빨리 삼층 석탑 휘돌아 나와 뽀송뽀송한 옥양목 몇 송이 들창문에 얹어 놓았구요
　요사채 그늘 밑 빛 맑은 빨래터 옹달샘도 무에 그리 즐거운지 퐁-퐁-퐁퐁 노래 한 가락 귀에 걸었구요
　그 소리 쫑긋한 젊은 누룩뱀이 지게문 지그시 밀고 나와 혓바닥 날름날름 해바라기를 하고 있네요
　몹쓸 건 저 놈의 노골지리, 괜한 시샘으로 노골노골 지리

지리 하늘로 솟구쳤다 내려앉았다 한참이나 오도방정 떠는 바람에

  아랫마을 세속의 복사꽃 오얏꽃 살구꽃도 눈치 하나로 속눈썹 가다듬어 일제히 화사한 꽃축전을 올려 보내는데요

  오며 가며 산중 소식 죄다 엿들은 다람쥐 거사님, 죽고 사는 게 다 한 통속이라고

  도토리 목탁 도닥도닥 제법 조실 스님 시늉으로 봄 경전을 읽고 있네요

초록 경전

저마다의 빛깔로 꽃잎 피었다 진 줄로만 알았더니, 무릇 생명의 본성은 매양 한 가지인 탓일까요

진자리 마른자리 새순이 무장무장 자라나 천지는 삽시에 초록 일색으로 일렁이는데요

바야흐로 솜털 벗은 동자승 목탁 소리에도 제법 초록의 물이 오르고

진즉에 눈치 챈 부연 끝 목어님도 새삼 초록의 비늘 가다듬어

둘이서 귀엣말 삼매경 똑또그르 뎅그렁, 뎅그렁 똑또그르

가만히 엿듣던 꽁지머리 청설모도 그만 가슴이 더워 초록 바람 몇 조각 잣가지에 걸어 놓고는

새침한 물총새에게 눈웃음 살살, 얄궂어라

저만치 초록 그늘 속엔 개구리 한 쌍, 사랑싸움을 했는지 등 돌린 채 마른 침 꼴깍 꼴깍

이래저래 산중 사연은 갈수록 무성해지는데요

용하기도 해라, 하안거에 든 노스님, 면벽 정진 중인 줄로만 알았더니

주장자 번쩍 들어 물 죽비 한줄금 서늘하게 내리시는데요
찰나!
삼라만상이 몸을 번드쳐 초록 경전으로 화하는 장엄함이란!
때마침 칠 년 토굴 수행을 마친 매미 스님들, 돈오(頓悟) 법열(法悅)의 독경 소리 우주에 가득 차고
비로소 칠보단장 무지개 극락전에 이르는데요
그걸 광배 삼아 삼가 합장한 누렁이 처사님, 불성(佛性)은 너나없이 매양 한 가지라며 두 눈빛 골똘한 품새를 보면
그야말로 관음(觀音), 협시(挾侍)보살이 따로 없네요

숲

무릇 생명은 부족마다 방편이 다르다
침엽의 음지 나무 한 쌍 뿌리를 얽으면
활엽의 양지 나무 한 그루 무덤에 눕는다
까치는 키 큰 나무 우듬지에 둥지를 틀고
오목눈이는 키 작은 덤불에 새끼를 친다
벌 나비와 달콤 동맹을 맺은
꽃들도 가문에 따라 계절을 정해 놓고는
때 되면 어김없이 창문을 열었다 닫는다

새벽녘, 누가 우화하는 것일까
저만치 썩은 둥치를 흔드는 날갯짓 소리
퍼뜩 잠을 깬 옹달샘이 맑고 서늘하다
도토리 하나 또르르 굴러 와
누가 먼저일까 다람쥐와 청설모 눈흘김 뜨겁고
그걸 식히느라 소나기 한줄금 지나간 오후
바위 밑에선 토끼가 풀잎 향에 골똘하다

모두는 제 숨결의 높이와 길이대로 음표를 빚는다
그러다 밤 되어 별똥별 오선(五線)을 그리면
거기에 일제히 올라 탄주를 시작하는 것인데
마디마디 얼마나 신비로운 화음이던가

나도 얼른 붓 한 자루를 먹물에 적셔
음계의 맨 아래쯤에 던져 놓는다
천하 만물이 저마다의 방편으로 일승(一乘)을 이루는
숲의 가장자리에서

와불

여보게들, 잠시만이라도 이리로 와
여기쯤 누워들 보시게
일주문부터 저 뒤 산신각까지
누거만년 땡땡한 나무기둥님들
징하기도 해라, 장딴지 자랑 그만하시고
마구니 모가지 질끈 밟고 눈 부릅뜬 천왕님들도
애고 무서워라, 슬몃 노여움 푸시고
어서들 이리로 와 일각이라도 쉬었다 가시게
가을 햇살 좀 좋은가
마당 한가운데 시치미 뚝 떼고 있는 석탑님도
이미 빨갛게 타오른 칸나꽃님 데불고 와
해우소 그늘 아래 팔베개라도 하여 주시게
남의 맘 헤아리는 일, 그게 자비 아니던가
그리고 대웅전 우리의 아우 부처님
한번쯤 가부좌 풀고 연보를 옮기어
여기 여기쯤 내 곁에 누워 있다가
풍경소리 설핏하면 선문답이나 한 소절 하고 가시게

어찌 그리 늘 근엄하신가
어떠하신가
아주 평안하지 아니한가

그 아이
―서산마애불

어쩜 저리도 천진무구할 수 있을까

슬그머니 꽃덤불로 불러내
꽃술 끊어 꽃싸움 한판하고
내친걸음 나무 등걸에 앉아
법문은 그만 두고 껄껄 깔깔
그저 웃고 떠들다가
바람그늘 깊으면 계곡의 물을 찾아
뉘 보거나 말거나
홀딱 벗고 물장구 텀벙텀벙
한나절 잘 놀다 돌아왔더니

좌우 협시하시던 보살님들
한 분은 끄덕이며
반가부좌로 웃으시고
한 분은 불경하다며
꼿꼿하게 눈 흘기시네

은연히 멋쩍어 눈인사 찡긋하고
이제는 그만 돌아서려는데
해님 아직 중천이거늘 하마 어딜 가냐며
한사코 송이송이 눈웃음을 깔아 놓는

첫돌 날
무명실 잡던 아이
돌 속 들어 영원을 산다며
서둘러 이승 떠난
그 아이

호떡 할머니

정육점 채소전 지나 막다른 골목
포장 친 조그만 점방 하나
할머니가 호떡을 굽는다
밀가루 반죽 한 줌 떼어내
가운데 쿡 찔러 팥 앙금 한 술 넣고
다시금 조물조물 철판에 얹는다
둥글고 하얀 세상이 구워진다
높지도 낮지도 않은 노래가 흥겹다
무심코 흥얼흥얼 따라 부르다가
끝내 음정과 박자를 놓쳐 뒤뚱거리는데
할머니는 용케도 제 장단에 호떡을 뒤집는다
한 쪽이 덜 익지도 더 익지도 않은
그 시기가 노릇노릇 참으로 절묘하다
올해로 25년째란다
복잡하고 현란한 다른 길은
숨 가쁜 어지러움증이 있어
감히 넘보지 않았단다 그렇게

할머니는 할머니의 길을 걸어와
할머니의 노래와 할머니의 장단으로
할머니의 호떡을 굽는다
삶을 굽는다
이렇게 사는 것도 그저 하늘의 뜻이려니
늘 감사하고 고맙다며
호떡 하나 선뜻 주기에 한 입 베어 무니
달콤한 맛이 온몸에 저리다
오늘 하루가 부끄럽고 행복하다

육전반상(六煎飯床)

거기, 육거리 시장에 가면
육인용 식탁이 딱 세 개만 있는
조그맣고 허름한 전(煎) 전문 술집이 있다
여섯 방향에서 왔지만 너나없이
같은 번철 위 신세인데 내외할 건 뭐 있냐며
스스럼없이 궁둥짝 디밀고는
막걸리에 파전을
소주에 고추전을
맥주에 해물전을
녹두전을 김치전을 감자전을
저마다의 입맛대로 이것저것 시키다 보면
어느덧 제 꼴을 갖추는
우리들만의 육전반상이 있다
또다시 공순이가 된 아줌마도
칠순이 넘은 이장 할아버지도
몽골 색시와 배 맞춘 대머리 아저씨도
진양조에서 휘몰이까지

더러는 엇모리로 건배를 하는
송진내 나는 삶의 옹이가 있다
그러다 해조음 낮게 깔리는
어스름한 파장이 오면
온 길 되짚어 여섯 방향으로 비틀대는
얼큰한 노을이 있다
거기, 육거리 시장에 가면

숟가락 생(生)

숟가락을 들자 세상의 식탁에서
이왕이면 정갈하고 바르게 들자
둥근 술날 내밀어
부드러운 동심원을 그리되
술목을 꺾지는 말자
반월형 술잎 속엔
피땀 무늬 밀알을 채우되
술총을 굽히진 말자

등 굽은 워낭 소리 불러 세워
숟가락 하나 놓아 주고
길 잃은 눈빛도 손짓하여
숟가락 서로 들게 하자
비록 남루를 걸칠지라도
남의 숟가락은 탐하지 말자

그렇게 숟가락 나누다

소슬한 바람이 오면
마지막 한 술 회한마저 떨구고
숟가락을 엎자 홀연히
맑고 고요한 봉분에 들자
하현은 서으로 서으로 흘러
그마저 끝내 풍화의 그믐에 닿으면
숟가락을 놓자 영원히
세상의 식탁에

귀향

고목 한 그루, 흙으로 돌아가고 있다
천천히, 그리고 아주 조용하게
하마 몇 년이 지났는데도 아직 반쯤이다
얼른 돌아가 영생(永生)이나 즐길 일이지
무슨 미련으로 그리 머뭇거리느냐 했더니
스르륵, 또 한 벌의
껍질을 벗는다 흙으로 돌아간다
그 자리에 굼벵이 너댓 마리가 꼬물꼬물
검은 점줄무늬의 하얀 연미복을 입었다
어린 가객들이다 그래서 차마
가슴을 열어 그들을 품었던 것이다
오랜 세월 잘 발효된 젖을 물렸던 것이다
얼른 우화하여 노래 한 곡조 이승에 남기라고
묵언의 보시를 멈추지 않았던 것이다

젖내음 아슴할수록 귀향길이 더디고 멀다

입동

지금은
모두 제 자리로 돌아가야 할 때
한철 무성했던 자음일랑 저만치 떨궈내고
형형한 모음의 뼈대 몇 개만을 추슬러
한 그루 감태나무로 서야 할 때
문득 높바람은 눈시울을 씻어 가고
하늘 한복판 일필휘지로 날리는
기러기 떼의 서늘한 서한체
그 삐침과 파임에 골몰하여
밤늦도록 촛불을 밝혀야 할 때
똑, 똑, 똑
조용히 나이테를 두드리며
한줄 한줄 일기를 써야 할 때
그렇게 그 안으로 걸어 들어가
묵언의 울림에 귀를 기울여야 할 때
지금은

소리

소리란,

모름지기 타고난 모양과 빛깔대로 공손히 들을 줄 알아야 한다는 것인데

구기거나 찢어서도 아니 되고 덧칠하거나 음정 하나 슬쩍 흘려서도 아니 된다는 것인데

그래야만 걸어가는 뒤태가 깔끔하고 앞태가 훤히 열려 세상의 문리(文理)에 밝아진다는 것인데

어떤 술주정이나 잠꼬대도 그 앞에만 오면 한낱 구름 한 점에 불과하다는 것인데

그러기 위해서는 청음(聽音)의 귓바퀴를 용마루에 얹어 놓고는 명경지수(明鏡止水)로 한없이 깊어져야 한다는 것인데

아니, 소리란,

듣는 것이 아니라 얻기 위해 평생 연마해야 한다는 것인데

그래서 지금도 뜻있는 사람들이 천 길 폭포에 울대를 걸어 놓고는 십수 년 간 핏물을 쏟아내며 결절(結節)에 결절을 감수하기도 한다는 것인데

핏물을 몇 됫박씩이나 쏟아 너댓새도 넘게 붉은 노을이 지지 않았다는 전설도 다 그런 이유 때문에 생긴 것이라는 데
그리하여 몇몇은 오음(五音)을 분별하고 육률(六律)을 변화하여 궁극에는 오장(五臟)에서 나는 소리를 농악(弄樂)*할 줄 아는 명창이 되기도 한다는 것인데
그러면 비로소 득음(得音)을 했다 일컫고 악보의 첫머리에 올라 소리의 보시를 시작한다는 것인데

아니, 아니, 소리란,
듣거나 얻는 것이 아니라 자재(自在)롭게 볼 줄 알아야 한다는 것인데
사바의 세상에는 성질 포악하고 훼방 잘하는 아수라의 주문(呪文)이 떠돌고 있어
그걸 듣거나 말하지 못하는 뭇 중생들은 생로병사의 고해(苦海)에서 허우적거릴 수밖에 없다는 것인데
그걸 천안(千眼)으로 보고 천수(千手)로 보듬어 제도(濟度)해 주는 대자대비의 경지, 그 경지를 관음(觀音)이라 추앙하

여 경전에 전한다는 것인데
　유감스럽게도 이승의 목숨들은 감히 거기까지는 이를
수가 없어 보살로 형상하여 전각에 모시고는
　너나없이 합장 배례하며 피안(彼岸)을 꿈꾼다는 것인데

---

* 신재효의 『광대가』 중에서

뒤늦게 요지경에 들다

―이홍원 화백의 혼인에 부쳐

반드시 이생에서 맺어야 할 전생의 업이 있는 것인지
도화촌 낮 술잔에 꽃잎 한 장 툭 떨어진 것인지
육십 가까운 이홍원 화백이 뜬금없이 혼례식을 올린다
는데요
늦은 나이에 예식장은 남사스럽다 하여
작품을 전시하는 행사의 하나로 조촐하게 치른다는데요
소문은 물 먹은 창호지에 번진 초록 물감이라
일찌감치 전시실은 웃음 팟종이 덩실덩실 떠도는데요
이윽고 초대된 여자 가수가 나와 이선희의 〈인연〉을 부
르자
개벽하듯 한쪽에서 새하얀 빛이 뻗치는가싶더니
신랑보다는 한결 앳되고 예쁜 신부가
이제 마악 우화한 나비처럼 수줍게 날아오르는데요
길기도 해라, 족히 열 길도 넘어 뵈는 혼례복 뒤 치맛단
이여
그걸 본 능청맞은 집전자, 입가의 미소를 쓰윽 지우더니
신랑에게 긴 치맛단을 들치고 그 속으로 입장하라는 것

인데요
  늙은 신랑 그래도 좋은지 반백의 머리 멋쩍게 쓸어 올리
고는
  고달픈 삶의 길에 당신은 선물이라는 가수의 열창을 따라
  치마 속이 선물인지 스스로가 선물인지 조심조심
  누에가 고치를 잣듯 치맛단을 들추기 시작하는데요
  평생 들어가 봐도 알 수 없는 신비의 치마 속을
  하마 노을 비끼는 나이에 들어가 언제 나올 것이냐며
  언제 돌아 나와 치마 속 요지경을 화폭에 담을 것이냐며
  짐짓 궁금한 척 한마디씩 던지는데요, 액자 속에서
  고개를 쭉 빼고 있던 꽃과 호랑이, 수탉과 물고기 등도
  때맞추어 뛰쳐나와 어울렁더울렁, 자라 등 타고 저만치
  용궁 가던 토끼도 에구머니나 황급히 되돌아와
  얼쑤 좋다, 덕담 추임새로 잔치 마당은 한층 무르익는데요
  우리의 이흥원 화백
  천하 만물의 하례에 답례라도 하려는 듯
  화공 일생의 마지막 화룡점정이라도 찍으려는 듯

갈수록 신묘해지는 치맛단 속 운필을 보면
누구도 알겠네요, 뒤늦게 요지경에 드는 이 혼례야말로
이 화백 최고의 걸작으로 남으리라는 것을

목정(木丁)

―간벌꾼 조원진 시인에게

산에 드는 일은 산신(山神)을 만나는 일이다
산신을 만나는 일은 자못 경건한 일이다
그래서 그는 산에 들 때마다
옷매무새를 다시 하고 연장을 바로 하는 것이다

그가 산에 들어 하는 일은
산신의 귓속을 소제하는 일이다
산신의 귓속에 들면 그는
베어내야 할 잡목과 곁가지를
단박에 알아내는 것은 물론
그 솜씨 또한 가히 예술이어서
그가 한나절 산신의 귓속을 돌아 나오면
비로소 산신의 달팽이관이 훤하게 뚫려
조촐한 나무들의 이야기가
하나둘씩 하산을 시작하는 것인데
詩 쓰는 일이 간벌과 다를 게 없다고

지금도 속리산 자락 타고 내린
보은 일대 뭇 산의 입구에 서서
산신님-하고 부를 때, 오냐-하고 대답을 하면
그 산은 이미 그가 시 한 그루 다듬고 나온 산이라
우리는 그의 호를 木丁이라 이름 짓고
나무를 닮은 그의 시를 좋아하는 것이다

제4부

하현(下弦)

새벽녘

집으로 비틀
들어가다 또 보았다

달무리 그렁그렁 더딘 서녘 길에

여전히 아들 향해
시위 당기시는

어머니

등꽃

얼마쯤의 높이였을라나
아예 위로는 보시지도 않던 어머니는
하늘이 아니라 땅에서만
별들을 찾으실라 하셨을라나

어둡고 아늑한
그 무량한 우주의 자궁이
결국 자신이라는 것을
애초부터 아시고나 계셨을라나

별들이 길을 잃고
새벽녘 풀섶에 쓰러져 있을 때
어떠셨을라나
뱀딸기를 먹다
뱀에게 물렸을 때는

그랬을라나, 그래서 스스로의 삶을 비틀고

관절마다 부항 자국
보랏빛으로 피워 올리셨을라나

그것을 보고 지나는 보살님이
깊은 산사 죄업 많은 늙은 비구니의
백팔번뇌 연비인 줄 알고
어느 절에 계시니껴
합장은 안 했을라나

아니니다, 황급히 옷깃을 여미는
그 쭈글한 가슴팍에서
나는 아직도 철없이
부항이나 뜨고 있는 것은 아닐라나

가뭇없이 꽃잎은 저리 지는데

만추(晩秋)

 오랜만에 아들이 왔다 하여 어머니께서는
된서리 내리기도 전 하마 시들해진 호박잎을 울타리 뺑뺑 돌아 그중 싱싱한 것만 골라 따시더니, 이제는 꽃도 피울 수 없다시며 여리디 여린 덩굴손마저 아예 뚝뚝 꺾으시더니, 구수한 호박잎 된장찌개, 맛도 좋아라, 아들과 겸상으로 늦점심을 드시더니

 가을볕 쟁쟁쟁 툇마루에 누우셨는데, 갓 시집올 땐 당신의 속눈썹처럼 나이테 선명도 했거니와, 희한도 하지, 닦으면 닦을수록 나이테 숨어 버리고, 지랑물 뒤집어 쓴 듯 검은 빛 반짝이는 툇마루에서 늙은 호박처럼 펑퍼짐히 잠드시고 말았는데

 평온도 해라, 입가에 엷은 미소 떠돌기도 하는 것이어서 혹시 나이테 속으로 자맥질해 들어가 새색시 적 빛살 고운 설렘이거나 나이테 층층마다 와글대는 어린 자식들을 만나 보는 것은 아닌지, 하도나 궁금한 아들도 그 곁에 슬그

머니 누워 보는 것이었는데

 그 모습이 어찌나 정겨워 보이던지 서녘 길 재촉하던 감나무 가지 끝 해님이 아롱다롱 감잎 몇 장 데불고 와 살포시 덮어 주고는 자기도 그만 갈 길 깜빡 잊은 채 툇마루 깊숙이 누워 버리더라

관솔불

　옛날 우리 집 뒷간은

　안마당과 텃밭을 지나 오월이면 잎보다 먼저 하얀 쌀꽃을 후두둑 피워내던 탱자나무 울타리가 있는 남서쪽 구석진 곳에 있었는데요 어린 우리 몸뚱아리 서넛은 족히 들어갈 만한 큰 독을 묻어 놓고는 그 위에 널빤지 두 개를 가로질러 놓은 게 전부였지요

　그때는 먹은 것도 없이 왜 그리 급작스럽게만 똥오줌이 마려웠던 것인지 감잎 반짝이는 눈부신 봄날 허리춤 부여잡고 후다닥 뛰어가다 보면 병아리 떼 종종종 밟기도 하여 문득 소스라치던 노오란 무서움증에 그만 똥오줌을 지리기도 했었지만요

　뭐니뭐니해도 가장 무서웠던 것은 부엉이 울음마저 문고리에 쩍쩍 달라붙는 긴긴 겨울 한밤, 통가리 날고구마 엄마 몰래 우적거린 것이 그만 죄가 되어 느닷없이 뱃속이 뒤틀릴 때였지요 그럴 때마다 엄마는

동생에게 물리던 젖가슴 그대로 드러낸 채 관솔불 앞세워 나를 뒷간까지 데려가 아랫도리를 까 내려 주시고는 서너 발자국 물러서서 지청구는 말고 우렁각시 이야기며 해와 달이 된 오뉘 이야기며 참말로 재밌는 이야기보따리를 별처럼 풀어 놓곤 하셨는데요

　그 별들을 하나하나 주워 담다 보면 고샅길 어슬렁거리다 개며 닭 따위를 물어 간다는 승냥이도 개호주도 아니 무섭고, 그토록 요동치던 뱃속 날고구마가 익는 것인지 구린내 하나도 나지 않아 마치 크나큰 우주에 엄마와 나 둘만이 있는 것 같았지요 오로지 관솔불 너머로 엄마 얼굴만 보이고 나머지 어둠은 죄다 엄마 품이라는 생각이 들어

　똥구멍에 바각바각 얼음이 얼더라도 아직은 일어나고 싶지 않은데요
　관솔불은 이미 잦아지고 있는데도 말이에요

화장

태어나서 처음이자 마지막으로
어머니 얼굴에 화장을 해 드렸다
버들잎 눈썹도 그리고
앵두빛 입술연지도 칠하고
뽀얀 볼에 분도 바르니
곱다, 어머니는 참말로 곱다

아들아, 너무 곱게 단장하지 마라
저승사자나 염라대왕이 눈독 들여
내 저승길 마중 안 나오면 어쩌냐?
물 먹은 아버지 농담이 눈에 흐렸다

평생 닳고 닳았을 손발톱도 깎아 드리고
머나먼 길 노잣돈이나 하시라고
가다가 쉬엄쉬엄 오기나 하시라고
입속에 엽전과 쌀알도 넣어 드렸다

높다란 굴뚝 차마 쳐다보지 못하는데
곱디고운 어머니
아들아, 너는 늘 빛나는 나의 화장이었단다
홀연 가슴팍 파고들어 가부좌를 트신다

영원히 화장되지 않을 석상(石像)이
진눈깨비에 하냥 젖고 있었다

명왕성

슬퍼할 것 없다 아들아
내 지금 허허로운 우주 속으로 사라져 가지만
그래도 한때는 이승의 질서에 발을 놓아
검은 활자 이름 하나 얻었던 몸
그것만으로도 얼마나한 행운이냐
갈길 아직 머니 옷고름 잡지 마라
이제 비로소 별다운 별이 되는 것이니
미처 가져오지 못한 에미 업장 거기에 있거들랑
삼월 스무날 밤 정성껏 소지 올려
이왕이면 맑게 빛나는 별이 되게 해 다오
그냥 잊으라 모진 말 차마 못 하겠으니
사는 일 눅눅해지거든 제삿날 아니어도
뒷동산 허위허위 별밭 하늘을 보렴
그럼 거기 어디쯤서 나 또한 너를 보고 있을 터이니

---

* 태양의 9번째 행성이었다가 여러 이유로 2006년에 행성의 자격을 상실함.

영산홍

어머니는 심심하셨던 것이다
찬바람 불고 있을 바깥세상이
염려도 되셨던 것이다
그래서 봄날만 되면
연분홍 꽃단장 서두시는 것이다

아버지도 심심하셨던 것이다
겨우내 차디찼을 땅속 나라가
안쓰럽기도 하셨던 것이다
그래서 꽃만 피면
진종일 꽃마중 맨발이신 것이다

그래서 하느님은 바쁘신 것이다
다 못한 삼생(三生)의 인연 헤아리시고는
일 년에 한 번은 봄날을 주시어
누구는 꽃촉을 돋게 하시고 그 곁에
누구는 뿌리를 뻗게 하시고 그 곁에

지청구

북엇국 한 그릇 마주하고 간밤 취한 언어 몇 술 뜨다가 뜨끔, 목구멍에 가시가 박힐 때
그 가시, 한나절이나 숙취를 붙들고 놔 주지 않을 때

오랜만에 들른 고향집, 십 년도 넘게 묵은 간장 챙겨 서둘러 대문을 나서는데, 홀연 거미줄 하나가 슬몃, 뒷덜미를 잡아당길 때
무심코 돌아본 대청마루 밑, 검게 그을린 주춧돌이 잘 가라, 조용히 손을 흔들 때

형님 생신을 핑계로 간만에 만난 우리 4남매, 생선회 몇 접시 거나하게 포식하고는 짧은 인사치레로 뿔뿔이 흩어지는데
덜컥! 다가선 서산마루에 살점을 모두 발린 생선 한 마리가 붉은 숨 헐떡이며 길게 누워 있을 때

사나흘 비 왔다고 울안 해바라기 뎅겅 베어 덜 익은 씨를

까먹고는
　설사를 좍좍, 진종일 아랫목을 뒹굴 때

어머니도 참!
명부(冥府)의 양지 바른 평상에서 편히 낮잠이나 즐기실 일이지

목욕론

간만에 목욕탕 가려고 대문을 나서는데
어머니 한 말씀 하신다

애야, 너무 빡빡 밀지 말거라
웬만하면 이태리 타올은 사용치 말구

세상 바람 워디 만만터냐
뽀송한 맨살로 워쩌 맞설려고

적당한 때옷은 필요한 거라
좋은 프라이팬도 얇은 막 아니 있더냐

그래도 사타구니만은 비누칠 두어 번 더 하거라
거기 음귀 깃들면 패가망신 딱, 십상이니

명심하거라, 요즘 네 놈 하는 짓
쬐께 수상하여 한마디 하는 거다

부채론

팔순의 아버지께서 부채 한 자루 사 오셨다
속살이 오십 개나 되는 백접선이었다
흰 부골에는 까만 수침목을 받쳤고
백동으로 사북을 한 제법 기품이 있는 부채였다
에어컨도 있고 선풍기도 있는데 웬 부채냐 하니까
호박 선추 가볍게 흔들며 하시는 말씀이
어느 노을 녘, 당신이 걸어온 길 되짚어봤더니
그 길이 부챗살만큼이나 여러 갈랜 줄 알았는데
그 길이 넓고 먼 바다로만 뻗어간 줄 알았는데
그게 아니더란다 부채를 보니 아시겠더란다
사람마다 파란만장이라 장광설을 늘어놓지만
결국은 되돌아와 사북 자리에서 하나로 만나는 것을
거기서 백동 한 닢으로 묶이고 마는 것을

그걸 팔순이 되어서야 비로소 깨치셨노라며
오늘도 오동 그늘 그윽한 툇마루에서
백접선 한 자루의 생애를 고즈넉이 바래고 계시다

병신생

어머니는 내게 잔나비 띠라고 말했다
그 시절의 나는
잔나비가 작고 예쁜 나비인 줄 알았다
꽃 찾아 아지랑이 속을 하늘하늘
봄볕 따스한 꽃밭이 내 세상인 줄 알았다

잔나비가 원숭이의 옛말임을 안 건 훗날의 일
원래의 고유어는 '납'이었는데
몸놀림이 재다 하여 '잰납'이 되었다가
오늘의 '잔나비'로 변했다는 것이다
콧수염이 제법 자리를 잡던 무렵이었다

그때부터 나는
나비가 아니라 원숭이가 되었다
꽃 속이 아니라 숲 속에 있었다

어제는 열매를 따다 떨어져 입술이 찢어졌다

오늘은 놀이에 끼어들다 무르팍이 깨졌다
툭하면 머리가 깨지고 갈비뼈가 부러졌다
숲 속 생존전략을 익히지 못한 탓이었다
눈치껏 털 고르기를 해주지 않은 탓이었다
무엇보다 몸이 재지 못한 탓이었다

아무래도 나는 육십갑자를 잘못 짚어 태어난
못난이 병신생 원숭이인 모양이다
끝끝내 꽃의 미망에서 벗어나지 못하는

구들의 내력

구들 한 장 내 머리 위에 얹혀 있다
그 무게만큼 진눈깨비는 내리는데, 나는
연신 발바닥 부싯돌을 아궁이에 부딪치며
구들 밑 까만 그을음이 만들어 놓은
불꽃의 대물림에 대해 생각하는 것이다

한때는 내 발 밑에 있었던 구들
거기엔 언제나 따뜻한 융털의 돌기가 있어
내 발목을 덮고 뼈마디를 키우던
흰 쌀밥과 고등어자반의 밥상을 추억하는 것인데

언제부터인가 문풍지엔 아홉 빛깔
아홉 혓바닥의 바람이 살고 있는 것이어서
꽃만 피면 함께 손잡고 산등성을 오가다가
툭, 하면 부러진 정강이뼈 구들 위에 눕히던
그때마다 아궁이로 한 잎 한 잎 타들어 가던
어머니의 검은 그을음을

그것으로 바느질된 내 나이테를 떠올리는 것이다

그 해 봄날, 꽃샘추위 황망히 쏟아지던 날
마지막 비늘 서둘러 태우고 떠난 그 자리
발목 깊이 젖어들었던 것인데, 나는 지금
진눈깨비 맞으며 그 길 걸어와
시린 발바닥 연신 부딪치다가, 비로소
불꽃의 뿌리가 눈물이었음을 깨닫는 것이다

애들아, 아직은 좀 춥지?

갈비뼈

학창 시절, 학기 초마다 으레 써 오라는 각종 조사서를 보면
거기엔 반드시 보호자란이라는 게 있어 나는 목에 힘, 탁, 주고
아버지 성함 석 자를 연필에 침 발라가며 꾹꾹 써 넣었다
그것은 얼마나 든든한 외경이던가

고고학자들의 갈비뼈 수습 장면이 TV에 나올 때
나는 그 뼈 안에서 용솟음쳤을 심장의 박동과
한 시대를 노래했을 허파 꽈리의 나지막한 탄주를 들었다
그리고 그 갈비뼈가 낳은 갈비뼈와 갈비뼈를 생각다가
문득 아버지 성함 석 자를 떠올렸다

팔순의 아버지께서 자전거를 타다 낙상을 하셨다
엑스레이에 아버지의 갈비뼈가 희미하게 드러났다
연세가 연세인지라, 골밀도가 낮아 잘 안 보이시겠지만
갈비뼈 6번과 7번에 금이 갔네요, 앞으로 보호자께서

는……

　의사는 내게 보호자라 부르며 몇 가지 처방을 내렸다

나는 아버지의 갈비뼈 안에서 한 번도 벗어난 적이 없건만
언제 아버지께서 내 갈비뼈 안으로 들어오신 것일까?
거동마저 불편한 아버지를 부축하여 병원 문을 나서는데
갈비뼈 사이로 붉은 노을이 촉촉이 젖어 들었다

물렁뼈

　이십 년도 지난 할아버지 봉분을 파헤치자 누르스름한 유골들이 이리저리 흩어져 있었는데요 아흔하고도 셋을 더했는데도 들길 꼿꼿한 정정한 생명은 보이지 않고 달그닥 달그닥 뼛조각들만 목곽에 담기는데요 어디로 갔을까요 뼈와 뼈를 얽어 살아 움직이게 하던 물렁뼈들은, 살아 있는 모든 것들은 저마다의 무게를 가진다며 나즉나즉 고춧대를 세우시더니 그 무게 지탱하던 물렁뼈들 훌훌훌 다 버리시고 이렇게 가벼워지셨나요

　맹세코 그 날은 주르륵주르륵 비가 내렸는데요 빗물 탓에 저만치로 자꾸만 돌아서던 것뿐인데, 사람들은 차마 하관을 못하시고…… 사람과 사람 사이에도 물렁뼈가 있는 것일까요 그렇다면 이승의 인연이란 결국 사람과 사람 사이의 물렁뼈를 건너는 일, 물렁뼈들은 지나치게 물렁물렁하여 조그마한 무게에도 상처를 입는다고 절룩절룩 손자의 손목을 잡으시던 당신의 말씀 비로소 이해가 가는데요

오늘은 당신을 가족 납골묘로 모시는 날, 비도 오지 않는 말 그대로의 청명(淸明), 당신의 유골처럼 바람은 맑고 가볍기만 한데요 혹 이런 말씀 하고 싶은 건 아닌지요 간직하고픈 사랑의 물렁뼈도 지긋지긋한 관절염의 물렁뼈도 지나고 나면 그저 청명한 바람 한 점일 뿐이라고

　홀가분하신지요
　이승에서 절룩거리는 이 손자 약주 한잔 올립니다

해설·시인의 말

해설

존재론적 기원과 궁극을 상상하는, 가파르고도 진정성 있는 서정

유성호 문학평론가

　장문석 시편들은 삶의 어떤 결여 형식에 대한 일관된 그리움에서 발원하는 세계이다. 이러한 감성의 곡선은 시인 자신의 남다른 자기 확인 과정을 곡진하게 담으면서, 시인과 사물 사이에 흘러버린 오랜 시간을 그리움의 언어로 각인한다. 있어야 할 것의 결핍, 한때 존재했던 것들의 분명한 부재, 이러한 삶의 결여 형식에 대한 원형적 반응이 바로 그의 시에 나타나는 강렬한 그리움의 힘일 것이다. 그리고 그러한 그리움을 발견하는 힘은 시인 특유의 감각적 구체성과 기억의 깊이에서 온다. 그 과정에서 장문석은 사물을 새삼 새롭게 발견하고 그것을 자신의 삶으로 다시 결합하는 과정을 자신만의 시선으로 보여줌으로써, 우리 눈에 포착되지 않는 주변적 존재자들을 알뜰하게 호명하고 있다. 그의 네 번째 시집 『꽃 찾으러 간다』는 등단 25년을 맞는 중진 시인의 이러한 발견과 성찰의 과정을 담은 가파르고도 진정성 있는 실존적 도록(圖錄)이다.

자연스러운 감각적 구체성과 기억의 깊이에 의해 구성되는 장문석의 시학은, 세상의 주류로 자처하는 도시 문명보다는, 자연 사물들의 활력을 통해 시간의 심층에 가 닿는다. 그럼으로써 그는 크고 세련된 것들이 구성해온 세계에 항의하면서, 작고 거친 것들이 구성해내는 세계를 상상하고 노래한다. 이러한 방식이 바로 생명 현상들을 따뜻하게 돌보고, 잊혀진 존재자들을 불러 모으며, 그들에게 새로운 이름을 부여하려는 시인으로서의 당당한 역할을 수반하는 것이다. 그 점에서 장문석은 생명 감각을 시 안에서 근원적으로 구현하려는 시인이고, 아름다운 기층언어를 통해 호활한 자연 서정과 속 깊은 그리움에 가 닿으려는 시인이다. 그렇게 장문석 시인이 견지해온 "말의 성정(性情)이란 매우 섬세하고 예민한 것이어서"(「마의」), 우리로서는 그 섬세한 호명의 줄기를 따라 그가 상상하는 존재론적 기원과 궁극을 만나보게 된다. 특별히 시인은 「차마고도」 연작에서 자신의 서정이 어디서 발원하는지를 아름답게 토로한다.

　　나도 알고는 있다 우리가 가는 이 길이
　　끝내 성지(聖地)에 도달하지 못하리라는 것을

　　히말라야의 짧았던 여름
　　네가 발굽 경전 두드리며 초원을 질주하면
　　나는 흉내 서두르다 무릎 흉터 일쑤였고
　　내가 황모필 가지런히 합장을 하면
　　너는 늘 먼산바라기였다

　　너와 나, 서로의 고삐를 놓고

그리하여 이 산천의 허허로운 바람이 되어
네가 설산을 넘어 마을에 들면
나는 거기서 한 폭의 룽다로 휘날리고
내가 꽃 속에, 구름 속에 들면
네가 거기서 한 폭의 룽다로 휘날리는
그런 꿈으로 순례의 길을 떠났건만

지금, 여름보다 짧은 가을이
위태롭게 길을 떠메고 있다

묻지 말자 애당초
누가 먼저 이 길을 떠나자고 했는지

길은 여전히 설산을 향해 고개를 들고 있고
우리의 등짐엔 아직 편자 몇 족 남아 있다

_「차마고도 4」 전문

　　차마고도(茶馬古道)는 세계에서 가장 오래된 무역로로서, '마방(馬幇)'이라 불리는 상인들이 말과 야크를 이용해 중국의 차와 티베트의 말을 서로 사고팔기 위해 지나다니던 험준한 길이다. 시인은 그 가파른 '길'에서 자신의 시인으로서의 삶을 사유하고 성찰한다. 가령 시인은 "이 길이/끝내 성지에 도달하지 못하리라는 것"을 알고 있다. 하지만 '순례'의 길이란 그 도달 불가능성에도 불구하고 불가피하게 지속될 수밖에 없는 길일 것이다. 시인으로서의 직임도 과연 그러하지 않겠는가. 시인은 히말라야의 짧았던 여름에 흉터를 남겼고, 서로의 고삐를 놓고

산천의 허허로운 바람이 되어 설산을 넘는 상상적 과정을 거듭하였다. 다시 여름보다 짧은 가을이 흘러가고 '길'은 여전히 설산을 향해 고개를 들고 있을 때, 시인은 자신의 등짐에 아직 '편자 몇 족'이 남아 있다고 고백한다. '편자'란 말발굽을 보호하기 위해 덧대어 붙이는 쇳조각인데, 이는 시인의 마지막 순례를 가능케 하는 물리적 근간이요, 어쩌면 시를 써가는 시인의 마지막 언어를 함의하는 것일 터이다. 그렇게 시인의 순례는 때로 고단한 험로를 수반하지만, 시인은 불가항력적인 삶의 형식으로써의 '순례(巡禮)'를 지속하는 것이다.

두루 알다시피 우리 시대에 가장 두드러진 문화 형식 가운데 하나가 '순례'이다. 미지의 공간에 대한 호기심과 그에 따른 탐험 정신을 필요로 하는 '순례'는, 그 시간만큼 자신을 송두리째 타자화함으로써 '낯선 자아'와 마주치게 하는 과정이 아닐 수 없다. 물론 순례는 일상으로의 복귀를 전제로 한 것이기 때문에, 필연적으로 '익숙한 자아'로의 회귀형 구조를 취한다. 하지만 다시 돌아온 자아는 이미 그 전의 자아가 아니라, 이미 타자의 경험을 내면화한 탓에 새로워진 자아로 거듭난 존재일 것이다. 그래서 순례란 일종의 자기 탐구의 시간적 제의(ritual)라고 할 수 있다. 장문석 시인은 순례를 통해 인간의 욕망이 닿지 않은 순수 원형의 풍경들을 만남으로써, 근대적 삶의 효율성에 의해 서서히 사라져 가는 풍경들과 접촉한다. 사라짐의 눈부심으로 빛나는 것들을 통해 인간의 욕망과 자연 사물들이 이루는 비대칭적 힘에 대해 생각한다. 따라서 그러한 상상을 가능케 하는 차마고도는 시인 장문석의 상상력이 발원하는 기원(origin)이자 궁극이 되는 것이다. 그리고 그곳은 장문석 시편에서 "나의 오관을 붙들었던, 도시의/주파수 공간에서 멀어지기 시작한"(「青山行」) '청산'이나, "글썽이는 눈물/바람으로 씻으며"(「율도국」) 가야 하는 '율도국' 같은 곳으로 그 지경을 넓혀간다.

벤야민(W. Benjamin)은 외부 세계와 내면 의식의 순간적 통일성 가령 세계의 근원이나 자연 사물과의 순간적 합일을 "아우라(Aura)의 경험"이라고 말한 바 있는데, 이때 '아우라'는 사물들이 내뿜는 일회적이고 고유한 속성이자 그 외현을 뜻한다. 장문석 시인이 가 닿은 차마고도는 이러한 아우라가 살아 있는 마지막 현장이라고 할 수 있을 것이다. 그런가 하면 시인이 가 닿은 '숲'은, 생명의 고유성들이 저마다 살아 움직이면서 기막힌 화음을 이루는 낭만적 귀의처로서의 은유가 되어준다.

무릇 생명은 부족마다 방편이 다르다
침엽의 음지 나무 한 쌍 뿌리를 얽으면
활엽의 양지 나무 한 그루 무덤에 눕는다
까치는 키 큰 나무 우듬지에 둥지를 틀고
오목눈이는 키 작은 덤불에 새끼를 친다
벌 나비와 달콤 동맹을 맺은
꽃들도 가문에 따라 계절을 정해 놓고는
때 되면 어김없이 창문을 열었다 닫는다

새벽녘, 누가 우화하는 것일까
저만치 썩은 둥치를 흔드는 날갯짓 소리
퍼뜩 잠을 깬 옹달샘이 맑고 서늘하다
도토리 하나 또르르 굴러 와
누가 먼저일까 다람쥐와 청설모 눈홀김 뜨겁고
그걸 식히느라 소나기 한 줄금 지나간 오후
바위 밑에선 토끼가 풀잎 향에 골똘하다

모두는 제 숨결의 높이와 길이대로 음표를 빚는다
그러다 밤 되어 별똥별 오선(五線)을 그리면
거기에 일제히 올라 탄주를 시작하는 것인데
마디마디 얼마나 신비로운 화음이던가

나도 얼른 붓 한 자루를 먹물에 적셔
음계의 맨 아래쯤에 던져 놓는다
천하 만물이 저마다의 방편으로 일승(一乘)을 이루는
숲의 가장자리에서

_「숲」전문

  생명이란 부족마다 그리고 종(種)마다 다른 각양의 존재론을 가지게 마련이다. '침엽의 음지'가 다르고 '활엽의 양지'가 다르다. 하지만 그들은 음양과 침활(針闊)의 조화로써 숲을 이룬다. 또한 까치와 오목눈이도 큰 나무와 작은 덤불에 보금자리를 각각 틀면서 숲이라는 우주를 완성한다. 벌 나비와 꽃들도 마찬가지로 본능적 협업과 조화를 치열하게 동반한다. 새벽녘에 들려오는 우화의 날갯짓 소리는, 옹달샘과 도토리와 다람쥐와 청설모 그리고 소나기와 토끼의 화음이 귀를 적신 결과일 것이다. 그렇게 생명들은 모두 "제 숨결의 높이와 길이대로 음표를 빚는" 것이다. 그러니 당연히 "밤 되어 별똥별 오선(五線)을 그리면/거기에 일제히 올라 탄주를 시작하는" 숲은, 그 자체로 신성하고 조요롭고 "신비로운 화음"으로 번져가는 것이 아니겠는가. 이때 시인은 "붓 한 자루를 먹물에 적셔/음계의 맨 아래쯤에 던져 놓는" 것인데, 바로 그 행위가 시작(詩作)의 은유임을 알아내는 것은 어렵지 않다. 그렇게 장문석 시인은 "천하 만물이 저마다의 방편으로 일승(一乘)을 이루는/숲의 가장자리에서" 시를 쓰면서, "매미도 멧새도 숨을 죽인 아뜩한 적요"(「여름 숲속」)의 순간을 정성 들여 점묘한다. 그리고 그 신성한 숲을 나와서 그는 사라져가는 불모의 공간을 찾아가는 것도 잊지 않는다.

어느 물굽이었을까, 강물은 이미 정년퇴직한 아버지처럼 늙어 있었다 그렇구나 너도 썩은 물고기만 망태기 속에 채웠구나 밭은 해소 기침 소리에 강물은 관절마다 삼겹살 타는 소리를 냈다 삼겹살 속에도 물고기는 살고 있을까? 늙은 아버지와 젊은 아들은 사이좋게 삼겹살을 상추쌈하고는 한 겹 한 겹 더 깊은 지층으로 견지를 해 본다
_「금계리에서 1」부분

소 떼가 들어온 이후로 마을 옆 계곡을 촘촘히 반짝이던 사금(砂金)이 사라졌다 비 그친 뒤 모래를 솥뚜껑 뒤집어 키질을 하면 한나절 끝에 솥뚜껑 가운데로 오로록 모이던, 인근 마을에서도 곰살갑게 찾아와 눈치 자리하던 마을의 자랑이 어느 날 문득 전설이 되어 버렸다

사람들은 이제 소 떼가 그 전설을 대신할 거라며 연신 소주잔을 기울였고 외국소가 워찌 조선풀을 먹겄능감, 서둘러 외국산 사료도 사들였다
엘도라도 엘도라도 소는 기분 좋게 울음 울었고 사람들은 바빠졌다 우물물 대신 수도가 놓여졌고 계곡엔 누우런 엘도라도의 물이 흐르기 시작했다

엘도라도 엘도라도 홑적삼 큰애기도 몇 날 몇 밤을 보채다 엘도라도의 물을 따라 야반도주를 하고 얼마 가지 않아 초등학교 국기봉엔 태극기가 매달리지 않았다

> 승용차 한 대가 시멘트로 복개된 계곡 도로를 달려 나오다 동구에 있는 이정표를 본다
> 金·溪·里
>
> _「금계리에서 2」 전문

　이렇게 아우라의 소멸이 이루어진 곳도 있다. '금계리'라는 장소는 아마도 시인의 남다른 기억이 배어 있는 곳일 터이지만, 이제 그곳의 강물은 늙어버려 썩은 물고기만 망태기 속에 채우고 있고 해소 기침 소리를 동반하면서 관절마다 아프기만 하다. 늙은 아버지와 젊은 아들이 아직도 사이좋게 더 깊은 지층으로 견지를 해보지만, 그렇게 '강'은 결핍과 폐허의 형식으로 남아 있을 뿐이다. 그리고 그곳은 소 떼가 들어온 이후로 반짝이던 사금도 사라지고, 인근 마을에서 찾아와 눈치 자리하던 자랑마저 전설이 되어버렸다. 이러한 현저한 묵시록적 묘사의 뒤켠에는 "어차피 자라지 않을 꿈"(「돌 깨는 소녀」)마저 가라앉히면서 맹목으로 질주해온 문명의 폭력이 도사리고 있다. 그래서 그곳은 이제 "답답했던 지난 청춘을 위로하는"(「달서리」) 곳이고, "마른 콩깍지 터지듯/대처로 튕겨 나간/세 남매/잘 지내고 있는지"(「자식 걱정」) 걱정하는 '떠남'과 '결핍'의 공간으로 화하였다. 그 결과 '금계리'는, '차마고도/청산/율도국/숲'과는 대척 지점에서, 한 시대의 폐허를 가감 없이 보여준다 할 것이다.

　이처럼 장문석 시인이 찾아가는 곳은 '차마고도'처럼 물리적 주변부이지만 범인들이 가 닿을 수 없는 정신의 극한이기도 하고, '금계리'처럼 고단한 삶을 이어가면서도 불모의 형상을 내장한 격절의 공간이기도 하다. 하지만 시인은 이러한 곳을 찾아다니는 '순례'의 움직임을 멈추지 않음으로써, 삶이라는 것이 속도의 차원이 아니라 깊이의 차원에

서 이루어지는 것임을 알아가는 것이다.

 그런가 하면 장문석은 심미적 언어의 조형보다는 토속적 구어의 미감을 크게 중시하는 시인이다. 사물이나 시간이 가지는 청탁과 미추를 가리지 않고, 뭇 사물과 시간이 자신의 기억 속에서 동등한 의미와 가치를 지닌다는 생각을 펼쳐나간다. 그리고 추상어보다는 구체어, 문어보다는 구어, 표준어보다는 지역어를 지향해간다. 자신의 몸에 새겨진 구체적 기억들을 일관되게 이러한 구체어와 구어와 지역어를 통해 복원하면서, 선명한 몸의 기억을 시의 표면에 적극 물질화한다. 이러한 장문석 시편들은 가파른 지상의 세계와 건실하게 밀착되어 있고, 고아한 언어와는 일정하게 대극을 이루면서, 실감 있는 언어를 재현하는 데 매진한다. 이는 매우 자각적인 형상화의 결과로서, 이번 시집을 구성해내는 작법의 견고한 중추를 이룬다. 이러한 작법에 얹힌 가장 근원적인 곳으로의 회귀 욕망은, 이번 시집을 장식하고 있는 편재적 풍경이자, 장문석만의 그리움을 가장 견고하게 담아내고 있는 속성이 아닐 수 없다.

>
> 고목 한 그루, 흙으로 돌아가고 있다
> 천천히, 그리고 아주 조용하게
> 하마 몇 년이 지났는데도 아직 반쯤이다
> 얼른 돌아가 영생永生이나 즐길 일이지
> 무슨 미련으로 그리 머뭇거리느냐 했더니
> 스르륵, 또 한 벌의
> 껍질을 벗는다 흙으로 돌아간다
> 그 자리에 굼벵이 너댓 마리가 꼬물꼬물
> 검은 점줄무늬의 하얀 연미복을 입었다

어린 가객들이다 그래서 차마
가슴을 열어 그들을 품었던 것이다
오랜 세월 잘 발효된 젖을 물렸던 것이다
얼른 우화하여 노래 한 곡조 이승에 남기라고
묵언의 보시를 멈추지 않았던 것이다

젖내음 아슴할수록 귀향길이 더디고 멀다

_「귀향」 전문

  장문석 시인은 시집 곳곳에서 자신의 근원을 향한 그리움의 파동을 채집하고 표현하면서, 자신을 그 안으로 결속해낸다. 자신이 태어나 자랐고 이제는 천혜의 삶의 토양이 되어버린 고향이나 유년 혹은 어머니 같은 존재들로 시인의 감각과 경험이 녹아들어가고 있는 것이다. 이 작품은 '귀향'이라는 다소 목가적인 제목을 붙이기는 했지만, 그 안에는 가장 생태적이고 근원적인 존재론적 귀환의 모습이 서려 있다. 고목 한 그루가 흙으로 돌아가는 모습은 너무도 느리고 고요하다. 그렇게 느린 '귀향'의 과정은 몇 년이 지나도록 더디게 진행되지만, 고목은 그 움직임을 멈추지 않고 천천히 스르륵 한 벌의 껍질을 마저 벗고 흙으로 돌아간다. "어린 가객들"을 품은 채 잘 발효된 젖을 물렸던 나무는, 그들에게 "묵언의 보시"를 한시도 쉬지 않았던 것이다. 비록 귀향길은 이렇게 더디고 멀지만, 그 먼 길은 뭇 생명들에 대한 하염없는 사랑의 노동 때문에 빚어진 느림의 결과였던 것이다. 앞의 「숲」에서도 나타난 바 있지만, 그렇게 시인은 "도토리 목탁 도닥도닥 제법 조실 스님 시늉으로 봄 경전을 읽고"(「봄 경전」) 있고, 저마다의 "불성(佛性)은 너나없이 매양 한 가지"(「초록 경전」)라는 믿음으로 자연 사물의 위의(威儀)를 담아간다.

　이러한 귀향의 모습을 그린 시인은 이제 구체적인 자신의 존재론적 기억들을 향해, 아스라한 회감(回感)과 외경을 차츰 넓혀간다. 원초적 기억과 사랑을 실어 형상화하고 있는 시간의 형식은 아버지와 어머니의 생애를 통해 가장 잘 나타나는데, 그의 시편 속에 모습을 보이는 부모의 행장은 참으로 귀하고 아름답다. 그렇게 살아오시면서 스스로 부처가 된 존재들을 통해 시인은, 그들의 생애가 보여주는 아련하고도 쓸쓸한 번짐의 과정을 그려 보여준다. 가령 어머니의 마지막 모습을 담은 다음 시편을 보자.

　　　태어나서 처음이자 마지막으로
　　　어머니 얼굴에 화장을 해 드렸다
　　　버들잎 눈썹도 그리고
　　　앵두빛 입술연지도 칠하고
　　　뽀얀 볼에 분도 바르니
　　　곱다, 어머니는 참말로 곱다

　　　아들아, 너무 곱게 단장하지 마라
　　　저승사자나 염라대왕이 눈독 들여
　　　내 저승길 마중 안 나오면 어쩌냐?
　　　물 먹은 아버지 농담이 눈에 흐렸다

　　　평생 닳고 닳았을 손발톱도 깎아 드리고
　　　머나먼 길 노잣돈이나 하시라고
　　　가다가 쉬엄쉬엄 요기나 하시라고

입속에 엽전과 쌀알도 넣어 드렸다

높다란 굴뚝 차마 쳐다보지 못하는데
곱디고운 어머니
아들아, 너는 늘 빛나는 나의 화장이었단다
홀연 가슴팍 파고들어 가부좌를 트신다

영원히 화장되지 않을 석상(石像)이
진눈깨비에 하냥 젖고 있었다

_「화장」 전문

    원래 가족의 삶이란 누구에게나 가장 깊은 기억의 뿌리이자, 지나온 시간을 직접적으로 거슬러오를 수 있는 일차적 실재일 것이다. 이때 시간을 거슬러 오르는 기억은, 단순하게 과거를 향하는 행위가 아니라, 지난 시간들을 원초적 경험의 형식으로 복원하고 동시에 그것을 현재의 삶과 연루하는 적극적 행위로 몸을 바꾼다. 시인은 바로 그러한 기억의 작용을 통해 자신의 가파른 존재론적 기원을 노래하는 것이다. 시인은 태어나 처음이자 마지막으로 어머니 얼굴에 화장을 해드렸다고 고백한다. 여기서 '화장'은 '화장(化粧)'과 '화장(火葬)'을 동시에 연상시키면서, 참말로 고운 어머니의 삶과 죽음을 동시에 완성하는 과정으로 은유된다. 시인은 아버지의 물 먹은 농담이 눈을 흐리게 하는 순간, 평생 닳고 닳았을 손발톱도 깎아드린다. "곱디고운 어머니"가 아들에게 "너는 늘 빛나는 나의 화장"이라고 말씀하시는 환청 속에서, 어머니는 홀연 가슴팍 파고들어 가부좌를 트신 채 "영원히 화장되지 않을 석상(石像)"으로 젖고 계신 것이다. 시인 스스로 "만년필 잉크는 이미 거칠고 탁해졌다"

(「버들치」)고 하지만, 이런 시편을 쓰는 동안 그의 잉크는 가장 가파르고도 진정성 있는 서정을 드러내 보여준다. 그 서정의 힘으로 새벽녘 귀가하다가 "달무리 그렁그렁 더딘 서녘 길에//여전히 아들 향해/시위 당기시는//어머니"(「하현(下弦)」)를 발견하는 것이다.

  구들 한 장 내 머리 위에 얹혀 있다
  그 무게만큼 진눈깨비는 내리는데, 나는
  연신 발바닥 부싯돌을 아궁이에 부딪치며
  구들 밑 까만 그을음이 만들어 놓은
  불꽃의 대물림에 대해 생각하는 것이다

  한때는 내 발 밑에 있었던 구들
  거기엔 언제나 따뜻한 융털의 돌기가 있어
  내 발목을 덮고 뼈마디를 키우던
  흰 쌀밥과 고등어자반의 밥상을 추억하는 것인데

  언제부터인가 문풍지엔 아홉 빛깔
  아홉 헛바닥의 바람이 살고 있는 것이어서
  꽃만 피면 함께 손잡고 산등성을 오가다가
  툭, 하면 부러진 정강이뼈 구들 위에 눕히던
  그때마다 아궁이로 한 잎 한 잎 타들어 가던
  어머니의 검은 그을음을
  그것으로 바느질된 내 나이테를 떠올리는 것이다

  그 해 봄날, 꽃샘추위 황망히 쏟아지던 날

마지막 비늘 서둘러 태우고 떠난 그 자리

발목 깊이 젖어들었던 것인데, 나는 지금

진눈깨비 맞으며 그 길 걸어와

시린 발바닥 연신 부딪치다가, 비로소

불꽃의 뿌리가 눈물이었음을 깨닫는 것이다

애들아, 아직은 좀 춥지?

_「구들의 내력」 전문

'구들'이란 아궁이에 불을 때어 그 불기운이 방바닥 밑으로 난 방고래를 통해 퍼지도록 하여 방을 덥게 하는 것이다. 시인은 이러한 '구들'의 따뜻한 상상력을 통해 자신이 가 닿고자 하는 세계의 궁극을 내비친다. 머리 위에 얹은 "구들 한 장"은 시인으로 하여금 "까만 그을음이 만들어 놓은/불꽃의 대물림에 대해" 생각하게끔 한다. 한편으로는 발목을 덮고 뼈마디를 키우던 흰 쌀밥과 고등어자반의 밥상을 추억하게 하고, 다른 한편으로는 부러진 정강이뼈를 눕히고 그때마다 아궁이로 타들어가던 어머니의 검은 그을음을 생각하게 한다. "비로소/불꽃의 뿌리가 눈물이었음을 깨닫는" 시인으로서는 '구들의 내력'이 바로 자신의 가계(家系)이자 삶의 내력과 등가임을 고백하는 것이다. 이 모든 것이 '귀향'과 '화장'과 '구들'의 상상력을 한 몸으로 엮어내는 기원과 궁극의 동일성일 것이다. 그렇게 '귀향/화장/구들'은 "저 남방의 어느 명인이 빚었다는 시 한 편과도 같은"(「묵은지를 기다리며」) 아우라를 기억 속에 착색시키면서 "아득한 그리움을"(「나무꾼의 노래」) 시인에게 선사하고 있다. 그 그리움이 바로 시인이 시쓰기를 통해 가 닿고자 하는, 가 닿아야 하는 궁극의 처소인 셈이다.

우리는 그가 자신의 삶 속에 오래도록 깃들여 있던 '시간'의 다양한 형식에 대하여 노래하는 시인임을 발견한다. 그는 중년을 지나고 있는 이로서의 깊이 있는 시간의 사유의 진경을 시집 이곳저곳에서 매우 편재적으로 내비치고 있다. 그는 서정시가 시간에 대한 경험과 기억의 재구성 양식이라는 것을 믿는 편이고, 그만큼 시간의 다양한 형식을 다루면서 삶의 기원과 궁극에 대하여 상상하고 그것을 감각의 구체로 현상하는 시인이다. 그 과정에서 장문석 시인은 "묵언의 울림에 귀를 기울여야 할"(「입동」) 자신의 시인으로서의 직임을 잊지 않고, "세상의 문리(文理)에 밝아진다는 것"은 바로 "청음(聽音)의 귓바퀴를 용마루에 얹어놓고는 명경지수(明鏡止水)로 한없이 깊어져야 한다는 것"(「소리」)임을 설파해갈 것이다. 그리고 참으로 비장하고 숭고한 삶의 형식으로, '청음'과 '시원(始原)'의 상상력으로, 서서히 그 구체성과 적실성을 얻어갈 것이다. 이번 시집은 이러한 시세계를 증언하는, 어느 시편을 인용해도 좋을 만한, 일관된 균질성으로 가득하다. 한편으로는 수묵처럼 번져가는 언어를 통해, 한편으로는 삶의 심층에 녹아 있는 날것 그대로의 언어를 통해, 장문석은 매우 선명한 주제의 응집성을 보여준 것이다. 이렇게 존재론적 기원과 궁극을 상상하면서 가파르고도 진정성 있는 서정을 보여준 장문석의 언어들은, 자연스럽게, 그의 다음 시집 첫 문장으로 융융하게 흘러갈 것이다. 과연 그러하지 않겠는가.

시인의 말

　세 번째 시집(2003년)을 낸 지 10년이 넘었습니다. 긴 세월이었습니다. 반성과 질책의 세월이었습니다. 말을 다루는 시인이란 칭호가 과연 나에게 합당한 것인가 수시로 되묻곤 했습니다.
　그랬습니다. 나는 너무 서둘러 강호에 나왔던 것입니다. 첫 번째 말도, 두 번째 말도, 세 번째 말도 모두 채 성숙되지 않은 어린 조랑말들이었습니다. 나의 기마술 또한 미숙하여 곳곳에서 풋내가 났습니다. 그런데도 불구하고 어쭙잖은 허세로 언월도를 휘두르려 했던 것이니 참으로 부끄럽기 짝이 없습니다.
　그래서 네 번째 말은 쉽게 강호로 내보낼 수 없었습니다. 이제는 나도 나의 말을 나만의 양식으로 살찌우고, 나만의 비법으로 조련하여 적토마나 오추마는 못될지언정 품새 그럴듯한 명마를 만들고 싶었습니다. 날렵한 기마술을 깨쳐 그걸 타고 천하를 주유하고 싶었습니다.
　편자를 수없이 담금질하는 불면의 밤들이 갔습니다. 때

로는 무림 고수를 찾아가 몇 수 귀띔도 받았습니다. 그렇게 10년도 넘는 세월이 갔습니다.
 그러나 워낙 기재(器才)가 변변치 않은가 봅니다.
 네 번째 말을 타고 강호로 나가는 마음이 처음보다 더 불안하고 조심스럽습니다.